다 쓰고 죽어라

DIE BROKE
by Stephen M. Pollan · Mark Levine

Copyright © 1997 by Stephen M. Pollan · Mark Levine
Korean Translation Copyright © 2000 by Hainaim Publishing Co., Ltd.
All rights reserved.

The Korean translation rights arranged
with Harper Collins Publishers, Inc., New York
through Eric Yang Agency, Seoul.

이 책의 한국어판 저작권은 에릭양 에이전시를 통한 Harper Collins Publishers, Inc.와의
독점계약으로 (株)해냄출판사에 있습니다.
저작권법에 의해 한국 내에서 보호를 받는 저작물이므로
무단전재와 무단복제를 금합니다.

DIE BROKE
다 쓰고 죽어라

스테판 M. 폴란 · 마크 레빈 지음 | 노혜숙 옮김

해냄

추천의 말

시대가 흘러도 변함 없는 재테크의 고전

지금으로부터 9년 전, 평소처럼 서점의 서가를 기웃거리다 눈에 확 띄는 도발적인 제목의 책을 발견했다. 『다 쓰고 죽어라』. 마음 한 구석에서 궁금증이 일렁거렸다. '다 쓰고 죽으라니 도대체 무슨 뜻이지?' 지금도 우리네 삶은 팍팍하지만 당시는 외환위기의 여진이 여전히 기세를 떨치던 시절이었다.

이런 시대상을 반영해 재테크나 부자 되는 법에 관한 책이 출판가에 하나의 유행으로 자리 잡았다. 그런데 이 책은 돈을 벌라고 얘기하지 않고, 오히려 다 쓰고 죽으라고 목소리를 높이고 있었다. 당장 책을 사서 그 날로 집에 돌아가 하루 만에 읽어버렸다. 읽는 내내 연신 '맞아 맞아'라는 감탄사를 연발하면서 말이다.

이 책의 개정판에 대한 추천사를 써달라는 요청을 받고, 나는 망설임 없이 승낙을 했다. 하지만 속으로 약간의 의문은 있었다. '과연 세월이 흘렀는데, 이 책의 메시지가 지금도 유효할까'. 좋은 책 혹은 고전이라 불리는 책의 주요한 특징 중 하나는 시간의 흐름에 따라 새롭게 읽힌다는 점이다. 이 책 역시 여전히 흡인력이 있었고, 메시지 하나하나가 가슴에 와서 박혔다. 마치 친한 옛 벗을 다시 만난 느낌이었다.

우리는 고용 구조의 불안정성과 구조조정, 심해지는 빈부 격차, 노후에 대한 불안 등 이젠 아무것도 확실한 것이 없는 시대를 살고 있지만 대다수는 여전히 과거 공식에서 좀처럼 벗어나지 못하고 있다.

한 직장에서 오래 살아남아야 한다는 강박 관념, 오래 사는 것이 자칫하면 재앙이 될 수 있는 시대에 살고 있으면서도 우리 부모님 세대가 준비했던 노후 준비 방식을 따르고 있다. 하지만 상황이 변하면 삶의 방식도 변해야 하는 법. 저자의 표현을 빌자면, '당신은 신세계의 이주민'이기 때문에 신세계 이주민의 삶의 법칙을 따라야 한다. 그럼 어떻게 변해야 한다는 것일까. 저자의 메시지는 4개로 압축된다.

첫째, 지금 당장 사표를 써라.
둘째, 현금으로 지불하라.
셋째, 은퇴하지 말라.
넷째, 다 쓰고 죽어라.

지금 당장 사표를 쓰라고? 실제 사표를 쓰라는 얘기가 아니다. 일에 대한 관점과 태도를 바꾸라는 것이다. 과거에는 자신이 맡고 있는 일이나 소속된 직장과 직위가 그 사람을 드러냈지만, 이런 시대는 끝났다는 것. 일을 하는 이유는 돈을 벌기 위해서다. 그리고 일 자체를 자신이 달성해야 하는 목표가 아닌 목표를 추구하기 위한 수단으로 바라보라는 것이다.

현금으로 지불하라고? 이 세상이 디지털화되어 가는데, 신용카드와 같은 편리한 시스템을 배격하라고? 그렇다. 현금으로 쓰는 아날로그적 삶을 사는 것이 경제적 자유로 가는 더 빠른 길이라는 것이다. 평균 수명이 길어지는 시대에는 은퇴는 미덕이 아니라 자신의 삶을 더욱 곤궁하게 하고 더 나아가 가족의 존속을 위협하기도 한다.

'오래 일하라', 이것은 고령화 시대의 가장 중요한 삶의 태도이다. 그리고 '다 쓰고 죽어라'. 보유하고 있는 집도 역모기지와 같은 제도를 이용해 자신의 생활비로 다 쓰라는 것이다. 그것이 자녀들이 더 건강하게 이 세상을 살아가게 한다는 것이다.

요즘 세상 돌아가는 것을 보면, 참 가파르고 차갑다는 생각을 하게 된다. 당연히 삶도 팍팍하다. 이런 시대에 이 책은 우리가 정신 버쩍 차리도록 확 끼얹은 찬물과도 같다. 정신 차리고 살아야겠다.

2009년 9월
이상건(미래에셋투자교육연구소 이사)

| 차례 |

추천의 말 | 시대가 흘러도 변함 없는 재테크의 고전   4

1부 DIE BROKE
다 쓰고 죽기 위한 철학

01 신세계 이주민을 위한 기본 지침   13

02 지금 당장 사표를 써라   40

03 현금으로 지불하라   60

04 은퇴하지 말라   83

05 다 쓰고 죽어라   98

06 강요된 인생을 살지 말라   120

07 가족을 위한 "다 쓰고 죽어라" 철학   128

08 다 쓰고 죽기 위한 5단계 실천 계획   141

2부 DIE BROKE
다 쓰고 죽기 위한 실전 재무설계

09 신세계 이주민을 위한 실천 지침 — 153

10 카드를 사용하지 말라 — 156

11 현재의 일자리에 안주하지 말라 — 165

12 주택이 아닌 '집'을 마련하라 — 183

13 전문가와 구체적으로 가계 재무를 상의하라 — 194

14 투자할 곳을 분명히 정하라 — 201

15 어려울 때를 대비하라 — 224

16 평생 수입원을 확보하라 — 243

17 사랑과 돈은 별개로 생각하라 — 268

18 미리 유언장을 만들어라 — 276

옮긴이의 말 | 새로운 경제세계를 위한 생활 철학 — 288

1부

DIE BROKE
다 쓰고 죽기 위한 철학

DIE BROKE 01
신세계 이주민을 위한 기본 지침

"다 쓰고 죽어라."

이 말에 대해 한번 생각해 보자. 언뜻 들으면 미친 소리 같다. 어떻게든 그런 일은 피해야 하고, 결코 그렇게 되어서는 안 된다. "다 쓰고 죽어라"라는 말을 듣는 순간 머리에 떠오르는 것은 가족들이 집을 잃고 거리로 쫓겨난 IMF식 빈곤의 모습이다. 그런데 잠시 이런 선입견을 접어두고 한번 곰곰이 생각해 보자.

다 쓰고 죽는 것이 뭐가 잘못인가? 죽은 다음에 돈이 무슨 소용이 있는가? 어째서 쓰지도 못할 돈을 쌓아두는 것일까? 가족들이 앞으로 살아갈 일이 걱정이라고? 그렇다면, 당신은 왜 살아 있을 때 가족들을 잘 돌보지 않는가? 가족들이 보살핌을 받기 위해 당신이 죽기를 기다려야 하다니, 이 얼마나 기막힌 노릇인가?

어쨌든 당신은 "다 쓰고 죽어라"라는 말을 듣는 순간 머리에 궁상맞은 모습이 떠오른다고 말할 것이다. 이런 선입견을 그냥 떨쳐버리기는 힘들다. 그러면 이런 생각의 근원을 아주 깊이 들여다보자. 거기에는 우리가 깨달아야 하는 매우 중요한 사실이 숨어 있다. 그것은 바로 당신의 선입견이 과거에서 비롯되었다는 사실이다.

과거와 결별하기

당신은 빅토리아 시대의 영국에 살고 있는가? 아니면 황량한 들판에서 살고 있는가? 당신이 어디에서 살고 있건 간에 원시 동굴보다는 도시에 가까울 것이다. 이런 당신이 "다 쓰고 죽어라"라는 말을 듣는 순간 머리에 떠올린 파산의 이미지는 지나간 세기의 유물이다. 왜냐하면 돈과 직업, 그리고 삶에 대한 당신의 생각이 과거의 경험에 의한 원칙과 믿음에 바탕을 두고 있기 때문이다.

당신이 다 쓰고 죽는 데 대해 두려워하는 것은 21세기를 살면서 20세기 초의 두려움을 느끼는 것과도 같다. 당신은 21세기를 살면서 19세기와 20세기의 시대에 뒤떨어진 사고 방식을 고집하는 것이다. 농경 사회가 산업 사회로 전환될 때 고안되었던 방법들을 정보화 세계에 끼워 맞추려는 것이다. 21세기를 살면서 대공황을 겪을 때 만들어진 경제 개념을 갖고 있다는 말이다. 또한 아직도 양말이 흘러내리지 않게 대님을 매고, 비서는 당연히 여자들이나 하는 일로 알았던 시절에 듣던 충고를 근거로 일하고 있는 것이다. 그리고 가족들이 마치 귀찮게 들러붙는 빈대라도 되는 것처럼 전전긍긍하면서 살고 있다.

왜 그럴까? 그 이유는 바로 당신이 혼돈과 불안, 그리고 두려움에 사로잡혀 있기 때문이다.

당신 혼자만이 아니다

내가 당신의 느낌을 대충 짐작할 수 있는 이유는 매일 당신 같은 사람들을 상담하고 있기 때문이다. 나는 뉴욕 동북부에 위치한 경제·법률사무소에서 컨설턴트로 일하고 있다. 나의 고객들 대부분은 중산층이라고 불리는 전후 베이비붐 세대다.

그들은 야망에 불타는 타입은 아니지만 대부분 열심히 공부해서 1980년대에 대학 졸업장을 받았다. 지금은 안정된 수입으로 경비원이 딸린 아파트나 정원이 있는 전원 주택에서 살면서 해외 여행을 다니고, 레스토랑에서 외식을 하고, 백화점에서 쇼핑을 하고, 분위기에 어울리는 와인을 산다. 또 헬스 클럽에 다니기도 하고, 각자 기호에 맞는 원두 커피를 마신다.

나의 고객들에게는 뉴욕인 특유의 요소가 있긴 하지만, 그들 역시 성공적인 삶을 살고 있는 여느 베이비붐 세대들과 똑같다. 그들은 자신의 부모들보다 재산을 더 많이 모으고 경험도 더 많이 쌓았다.

그들은 현재 직장에서 결정을 내리고 계획을 세우는 지위에 올라 있거나, 스스로 창업을 해서 성공했거나, 아니면 경쟁이 치열한 창의적 분야에서 어느 정도 인정을 받고 있다. 그리고 아랫사람이나 개인 보좌관을 두고 일하며, 《월스트리트 저널》을 읽는다. 또한 회계사에게 세금 관리를 맡기고, 심리치료사에게 정신적인 도움을 구하고, 영양사의 조언에 따라 식단을 조절하고, 체력 단련을 위해 개인 강습을 받는다.

그리고 나에게는 어떻게 하면 두려움을 없앨 수 있느냐고 도움을 요청한다. 내 사무실의 회의 탁자 위에는 어느 고객이 감사의 표시로 준 명패가 놓여 있다.

'스테판 폴란, 두려움 해결사.'

나는 두려움에 관한 한 전문가라고 할 수 있다. 그것은 생명을 위협하는 그런 종류의 두려움은 아니다. 마음을 졸이게 만드는, 내 고객들이 느끼는, 그리고 당신이 지금 느끼고 있는 바로 그런 두려움이다.

나는 20년 이상 사람들이 문제를 해결하고 목표를 이루게끔 도와주는 일을 꽤 성공적으로 처리해 왔다. 부동산 거래, 유언장, 이혼, 사업 협상, 그리고 직장 문제 등 대부분이 의례적인 법적 문제들이었다. 다만 내가 하는 일에 특별한 점이 있다면, 그러한 문제들을 보다 큰 계획, 즉 인생이라는 사업을 구성하는 요소들로 본다는 것이다.

나는 고객들의 경제적·법적·직업적인 문제들을 그들의 전체적인 삶에 관련시켜서 모든 것을 하나로 뭉뚱그린 '인생 계획'의 초안을 잡아준다. 그리고 고객들이 두려움을 극복하도록 조언과 용기를 준다. 간단히 말해서 나는 고객들에게 성공적인 인생을 위한 방법을 알려주고 있다.

내 고객들은 규칙을 매우 잘 지킨다. 아마 당신도 그럴 것이다. 베이비붐 세대는 반항적이긴 하지만 규칙만큼은 잘 지킨다. 무엇보다 그들이 지금의 위치에 서기 위해서는 규칙을 지켜야 했을 테니까. 그들은 교육 규칙을 배워서 학위를 땄다. 그리고 대부분은 직업 규칙을 배워서 훌륭한 직장을 구했으며, 회사에서 승진을 해 그들의 아버지는 감히 꿈도 꾸지 못했을 액수의 연봉을 받고 있다.

어떤 사람들은 사업 규칙을 배워서 창업에 성공했고, 또 어떤 사람들은 부동산 규칙을 배워서 자신의 부모들이 그 나이에 장만할 수 없었던 고급 아파트나 주택을 구입했다. 또한 그들은 곡예 규칙을 배워서 일과 가정 생활의 아슬아슬한 균형을 유지해 왔으며, 신용 규칙을 배워서 종종 전직 은행원이자 벤처 자본가인 나에게 오히려 한 수 가르치려 든다.

그들이 비교적 젊은 나이에 지금의 지위에 오르고 많은 것들을 소유하게 된 것도 신용 덕분이다. 그들은 모두 이러한 규칙을 아주 잘 지키며 살고 있었는데 어느 날 문제가 발생했다.

사실 그것은 문제라고 할 것도 없고 하루아침에 일어난 일도 아니지만, 이제 와서 보니 그렇게 보일 뿐이다. 우리의 경제세계가 언제 그 중심 축을 변경할지를 정확히 아는 사람은 아무도 없을 것이다. 그건 마치 우리 모두가 자동 조종 장치를 갖고 있다가 어느 순간 한꺼번에 잃어버린 것과 같다.

예를 들면, 이런 기분이 아닐까. 한참 동안 운전을 하고 있다. 날씨는 화창하고 태양은 빛난다. 교통은 한산하다. 익숙한 길을 달리다 보니 방심하기 시작한다. 불현듯 정신을 차린다. 의식적으로 방금 지나간 시간을 잊으려 한다. 잠시 방심했던 것이 신경 쓰이지만 이내 무시해 버린다. 어쨌든 지금 이 순간은 모든 것이 순조로워 보이니까.

과거 몇 년 동안 우리는 자신의 경제 생활에 대해 이런 식의 무아지경에 빠져 있었다. 그런데 불현듯 정신을 차리고 보니 모든 것이 순조롭지 않다. 불확실하고 불안하기만 하다. 당신은 지금 새로 포장된 3차선 고속도로 위를 미끄러지듯 달리는 대신 갑자기 절벽 밑으로 난 좁은 진흙길로 들어섰는데 거기에는 난간조차 없다.

어느 날 갑자기 당신은 대기 발령을 받는다. 당신이 얼마나 오랫동안 직장을 위해서 일했는지, 얼마나 열심히 일했는지, 얼마나 일을 잘하는지는 아무 상관이 없다. 또 하룻밤 사이에 부동산을 소유하고 있다는 것이 축복보다는 재난이 되어버렸다.

또한 한때는 장기적으로 유망하리라고 기대했던 투자가 이제는 앞을 가로막는 장애물로 변했고, 생명줄이었던 신용 거래는 머리 위에 매달린 칼이 되었다.

중년이 되면 은퇴해서 편안히 쉬려던 생각은 이제 꿈도 꿀 수 없다. 유산 관리? 아이들에게 유산을 물려주기는커녕 대학에라도 보낼 수 있으면 다행으로 생각해야 한다.

나는 당신 같은 사람들의 문제를 해결하는 일을 하고 있다. 내가 처음 그런 사례에 접했던 때가 지금도 기억에 생생하다. 그것은 1989년 9월이었다.

현실을 직시하라

미치와 재닛 피터스 부부는 내 오랜 고객이었다. 남편 미치는 당시 42세로 가전 제품 회사의 영업부 간부로 일하고 있었고, 아내 재닛은 37세로 광고 회사의 경리부에서 일했다. 그들은 10년 전 재닛의 회사가 미치 회사의 광고를 맡으면서 처음 만났다.

두 사람의 수입을 합치면 15만 달러 정도였다. 그들은 뉴욕 서북부에 위치한 침실이 두 개인 아파트에서 네 살배기 딸 사라와 함께 살고 있었다. 미치와 재닛 부부는 6년 동안 돈을 모아 아파트를 사고, 투자를 하고, 연봉 인상을 조정할 때마다 나를 찾아왔다.

처음에 그들 부부는 모범적인 고객이었다. 그들은 함께 왔고(나는 언제나 부부가 같이 올 것을 권유한다), 직장에서 일하다가 오기 때문에 두 사람 모두 말끔한 차림이었다.

내 비서인 앤서니가 그들을 맞이해서 코트를 받아 걸어주었다. 그리고 커피를 가지러 간 사이에 나의 동료 직원인 제인 모로가 와서 그들에게 인사를 건넸다(나는 언제나 그렇듯이 전화를 받고 있었다). 제인은 그들 부부에게 사라가 유치원에 잘 다니고 있는지 물었다. 내가 나와서 인사를 했을 때, 그들 부부는 사라의 '놀라운' 발전에 관한 이야기로 제인을 즐겁게 해주면서 활짝 웃고 있었다.

그러나 내 사무실로 그들을 안내해서 책상 건너편에 앉힌 다음 문을 닫자마자 분위기가 돌변했다. 그들은 두려움과 불안을 한꺼번에 쏟아냈다.

미치의 회사에 또 한 번 해고 바람이 불었다. 그는 무사했지만 발등에 불이 떨어져서 그도 더 이상 안심할 수 없는 상황이었다. 재닛의 직장은 미치보다는 덜 심각한 것 같았지만 그녀도 2년째 연봉이 오르지 않았고 앞으로도 오를 기미가 보이지 않았다.

그들은 지금 살고 있는 아파트가 너무 비좁고 사라가 입학을 할 때가 되었기 때문에 시내로 이사하고 싶어했다. 하지만 부동산 시장은 침체 상태였다. 좀더 넓고 편안한 집을 살 만큼 값을 올려받기는커녕 구입한 값이나 받으면 그나마 다행인 상황이었다.

생활비는 치솟는데 수입은 그대로였으므로 지난해에는 연금을 한푼도 넣지 못했다. 미치는 허탈하게 웃으면서 은퇴하여 쉬려던 꿈은 물 건너갔다고 말했다. 그의 노골적인 분노가 재닛의 좌절감을 부채질했다.

"우린 아이를 한 명 더 갖고 싶었어요. 하지만 이제 다 틀린 것 같아요."

재닛이 흐느꼈다.

"어째서 상황이 좋아지기는커녕 나빠지기만 하는 거죠?"

마침내 재닛은 감정의 봇물이 터졌다.

"우리가 뭘 잘못하고 있는 건가요? 정말 세월을 돌이킬 수는 없나요?"

미치는 자책했다. 아내의 행동 때문이 아니라 그녀의 물음에 답할 수 없는 자신의 무능력을 비관하고 있었다. 미치가 비통하게 말했다.

"우린 원칙을 따랐죠. 우리가 해야 할 일은 다 했어요."

그 말은 분명 모든 것을 내가 시키는 대로 했다는 의미로 들렸다.

"우린 최선을 다했어요. 그래서 형편이 점차 나아지리라고 생각했는데, 도대체 왜 이렇게 된 거죠?"

컨설턴트들이 두려워하는 것이 바로 이런 상황이다. 내 말을 오해하지 말기 바란다. 나는 고객들의 격한 감정에 익숙하다. 내 사무실은 아마도 심리치료사의 사무실만큼이나 많은 휴지가 필요한 곳일 것이다. 내가 두려워하는 것은 그들이 절망적이고 절박한 목소리로 은연중에 내가 자신들에게 치명상을 입혔다는 식으로 말하는 것이다.

내가 무슨 말을 할 수 있겠는가? 사람이 물에 빠졌을 때는 어쩌다가 물에 빠졌는지를 묻지 말고 밧줄부터 던져주라고 했다. 나는 먼저 그들을 위로했다. 그리고 얼떨결에 그들에게는 잘못이 없다고 말했다(그러고 나서 내 말이 옳다는 것을 깨달았다). 그리고 어쩌다가 이 지경이 되었는지를 생각하면서 속을 끓여봤자 아무 소용없는 일이라고 덧붙여 말했다. 중요한 것은 당면한 현실적인 문제에 정신을 집중하는 것이니까 말이다.

"이렇게 된 '이유'에 대해서는 잊어버리고 지금의 상황을 헤쳐갈 '방법'에 대해 생각해 봅시다. 일단은 손에 들고 있는 패로 승부를 걸어보도록 하죠."

나는 그들의 직장 문제로 얘기를 돌렸다.

근무 환경에 대한 세부적인 이야기로 들어가면서 그들의 격한 감정은 많이 수그러들었다. 그렇다고 분노가 완전히 해소되지는 않았지만, 구체적으로 집중할 대상을 찾으면 감정이란 많이 가라앉는 법이다. 그건 마치 장례를 치르는 것과도 같다. 사람들은 자질구레한 일들에 신경을 쏟으면서 감정적인 문제에서 벗어나게 된다.

하지만 나는 미치와 재닛 부부가 쏟아냈던 두려움과 좌절에 대해 잊지 않았다. 다른 고객들이 계속해서 그 기억을 되살려주었기 때문이다.

그때부터 나는 1주일이 멀다 하고 그들과 비슷한 고객들을 상담했다. 대여섯 번 그런 고객들을 만나고 나자, 나는 그들의 질문에 어떻게 대답해야 할지를 알게 되었다.

새로운 세계를 위한 체계를 확립하라

위기 관리(실제로 내가 그들로 하여금 당면한 문제들을 해결하는 일에 집중하도록 한 것)는 장기적으로 볼 때 만족할 만한 해결책이 못 된다. 기껏해야 배에 고인 물을 부랴부랴 퍼내는 정도다. 우리가 탄 구명보트에 뚫린 구멍을 어떻게 막아야 하는지를 알아내지 못하면 결국 물 속으로 가라앉고 만다.

우리 모두는 근본적인 해답을 원한다. 확고한 기반과 일련의 원칙 위에 서 있는 느낌을 원하는 것이다. 세상에 어떤 질서가 존재한다는 느낌, 그리고 우리 스스로 자신의 삶을 책임지고 있다는 느낌을 원한다. 아니면 적어도 스스로 원하기만 하면 그 고삐를 잡을 수 있다는 식의 느낌을 원한다.

그런데 요즘 가계 재무와 직업 선택에 대한 조언들은 대부분 고약한 중국 음식처럼 느껴진다. 먹고 나서 한 시간만 지나면 다시 배가 고파질 뿐 아니라 개운치 않은 뒷맛이 남는다. 솔직히 나는 동료 컨설턴트나 저자들을 욕되게 하고 싶지는 않다. 하지만 그들은 모두 아직도 위기 관리를 하고 있는 것이 사실이다. 그들은 고칠 수 없는 기계를 만지작거리고 있다. 나는 그런 기계는 버리고 새것을 사라고 말하겠다.

미치와 재닛 부부를 시작으로 그후 수백 명의 다른 고객들, 친구들, 가족들이 찾아와 질문했던 문제들에 대한 해답을 찾기까지 6년이라는 긴 세월이 걸렸다. 그 해답은 새로운 세계를 위한 새로운 체계를 확립하는 것이다. 이제 나는 사람들이 원칙에 따라 살고 있는데도 세상이 점차 나아지지 않는 이유를 알고 있다. 그리고 그들에게 두려움과 좌절을 불러일으키는 원인이 무엇인지도 알고 있다. 그리고 더욱 중요한 사실은, 마침내 그들과 당신이 어떻게 해야 하는지를 깨달았다는 것이다.

지난 2년 동안 나는 위기 관리를 위한 조언을 제공하는 데서 더 나아가 가계 재무에 문제가 발생하기 전에 대처하는 아주 새로운 방법을 권유해 왔다. 그것은 시대에 뒤떨어진 과거의 규칙들보다 육체적, 정서적, 심리적으로 보다 더 큰 만족감을 안겨주었다. 그 방법은 내 고객들에게 확실히 효과가 있었다. 그들은 다시, 이번에는 자신의 세상에서, 주인이 된 느낌을 갖게 되었다.

이 방법은 당신에게도 분명 효과가 있을 것이다. 그것은 이른바 "다 쓰고 죽어라"라고 하는 방법이다.

당신은 신세계의 이주민이다

이 방법에는 배를 타고 처음 신대륙에 건너온 사람들처럼 새로운 것을 받아들이고 추구하는 정신이 필요하다. 단지 신대륙이 아니라 새로운 경제세계로 이주해 왔다는 점이 다를 뿐이다. 당신이 살던 곳에서 여러 세대에 걸쳐 당신의 가족들에게 적용되었던 원칙과 생각은 이제 여기서는 더 이상 통하지 않는다. 그곳에서 당신이 달성해야 한다고 알고 있었던 목표는 이제 여기서는 불가능한 일이다.

당신은 겁이 날 것이다. 다른 세계로, 그리고 다른 시대로 옮겨 가는 것은 언제나 두려운 일이다. 하지만 아무리 두려워도 옛날의 규칙을 계속해서 그대로 따를 수는 없다. 당신이 오래 전부터 손에 들고 있던 지도로는 길을 찾아갈 수 없다. 그것은 이미 떠나온 세계의 지도니까.

예전에는 집값이 하늘 높은 줄 모르고 치솟았다. 신용카드는 세상을 사는 데 편리한 도구였다. 그리고 직장은 당신이 일을 하고 있는 한 안전했고, 은퇴는 오랜 기간의 수고에 보답하는 멋진 선물이었다. 돈은 저축해서 자녀들에게 물려주면 되는 것이었다.

그러나 이 새로운 세상에서는 부동산 가격은 정체되어 있고, 신용카드 구매는 파산으로 가는 지름길이 될 수도 있으며, 어느 누구도 안정된 직장을 기대할 수 없는 노동 시장에서 각자 자유 계약 선수처럼 뛰고 있다.

나이가 아무리 많아도 은퇴한다는 것은 어리석은 일이며, 재산을 모아서 유지하기도 결코 쉬운 일이 아니다.

예전 세상에서 당신은 회사에서 승진하고, 마음놓고 신용카드를 사용하고, 가능하면 일찍 은퇴해서 한가롭게 살고, 아이들을 위해 재산을 남기고 죽는다는 단순한 원칙에 따라 살아왔다.

그러나 이제 새로운 세상에서는 전혀 새로운 네 가지 격언을 배워두어야 한다.

지금 당장 사표를 써라.
현금으로 지불하라.
은퇴하지 말라.
다 쓰고 죽어라.

이 네 가지 격언이 새로운 세계로 들어가는 문을 열어주는 주문이다.

지금 당장 사표를 써라

우리는 공부를 열심히 하면 좋은 직장을 얻을 수 있다는 말을 귀에 못이 박이도록 들으면서 자랐다. 그리고 맡은 일만 열심히 하면 안정된 삶을 누릴 수 있었다. 일만 잘하면 승진도 하고 연봉도 올랐다. 그러한 환경에서는 자기가 하는 일로 자신을 표현하기가 쉬웠다. 무슨 일을 하는지가 인간으로서의 가치와 자신의 가치관을 어느 정도 반영해 주었다.

사실 '일'이라는 단어는 육체 노동자에게 해당되거나 우리 할머니들이나 사용하는 구태의연한 말이 되었고, '경력' 또는 '직업'이라는 좀더 추상적인 단어가 사용되었다.

그때는 정부가 저금리 대출을 통해 고등 교육을 보조했고, 회사는 중간 관리직을 확대해 나갔다. 사람들은 일을 하늘의 영광이나 일신상의 편안함을 위한 것에서부터 사회적인 지위를 평가하거나 개인적인 성장을 위한 수단으로 생각하게 되었다. 그러한 직업 윤리가 정착된 조건에서는 얼마든지 조직에 충성하고 직업과 자신을 동일시할 수 있었다.

그러나 새로운 세상에서 회사에 대한 충성심 같은 것은 존재하지도 않는다. 명문 대학을 졸업한 젊은이들이 임시직으로 채용되는 세상에서는 연봉 인상이란 좀처럼 드문 일이 된데다가, 근근히 생계를 유지하고 있는 세상에서는 자신을 직업과 동일시하는 것은 심리적으로나 경제적으로 아주 위험한 생각이다.

그렇다면 어떻게 해야 할까? 그 해결책은 바로 오늘 당장 사표를 쓰는 것이다. 말하자면 고용주와 자신을 정신적으로 분리하고 나의 주인은 바로 나 자신이라고 생각하라는 것이다. 고용주에게 남아 있는 티끌만한 충성심도 버리고(고용주는 일찌감치 당신에 대한 의무감을 내동댕이쳤다), 대신 스스로 자유 계약 선수가 된 것처럼 생각해야 한다.

자유 계약 선수들은 팀의 일원으로서 최선을 다해 성실하게 일하지만 동시에 최대한 수입에 초점을 맞춘다. 당신도 그렇게 해야 한다. 일단 마음속으로 사표를 쓰고 나면 해고당하는 것은 더 이상 두렵지 않다. 당신은 이미 다음 기회를 기다리는 자유 계약 선수다.

대부분의 사람들은 자신의 직업에 너무 많은 기대를 걸고 있다. 요즘에는 정서적으로나 경제적으로 일에서 안정과 보람을 찾기란 쉽지 않다. 그 대신 나는 상업주의를 택하라고 제안하겠다. 즉 반드시 경력이 될 수는 없다고 해도 당신이 지금 하고 있는 일—우리 할머니들이 사용하던 단어의 의미—에 초점을 맞추어야 한다. 일을 일단 돈벌이라고 생각하자. 다른 혜택들은 그 다음 문제다.

그러나 상업주의를 취하라는 것이 돈에 집착하라는 의미는 아니다. 단지 일 자체를 자신이 달성해야 하는 목표라기보다는 단순히 그 목표를 추구하는 데 필요한 돈을 벌기 위한 수단으로 생각하라는 것이다. 그러한 일들을 계속해서 하다 보면 전후 관계에 의해 경력으로 연결되기도 한다. 평생 한 우물만 파라는 법은 없다.

현금으로 지불하라

오래전부터 우리는 근검 절약을 미덕으로 삼았다. 그러나 지금 우리는 돈을 빌려서 갚고 다시 빌리면서 마구 소비하는 세상에 살고 있다. 우리를 유혹하는 수많은 광고는 소비의 기쁨과 외상 거래를 부추기고, 방종과 순간적 욕구 충족에 유혹당하는 대중 심리를 이용하여 분수에 맞지 않는 생활을 하도록 조장하고 있다.

수년 전만 해도 그 모든 것이 아무 문제가 없는 듯이 보였다. 부동산 가격은 계속 오르고 가능한 한 많이 대출을 받아서 빨리 집을 장만하는 것이 유리했다. 작은 아파트나 오피스텔을 사서 3년 동안 보유하다가 차익을 남기고 판 후 다시 좀더 비싼 집을 샀다. 그리고 그 집에서 아이들이 성장해서 분가할 때까지 살다가 다시 팔아서 근교에 넓은 정원이 딸린 전원 주택을 구입했다.

또 물가가 자꾸 올랐으므로 신용카드로 구매하는 것이 더 현명한 것 같았다. 수입은 늘어났다. 나는 그 당시 고객들에게 말하곤 했다.

"현금으로 파리 여행을 할 수 있을 때까지 기다리는 겁니까? 그 때가 되면 너무 늙어서 에펠탑에 올라갈 수도 없을걸요. 대신 지금 카드를 사용하세요."

우리 모두는 이런 식의 소비주의에 빠져 있다. 만일 수세미가 아닌 식기세척기를 사용하고 싶다면, 비록 카드로 계산할 망정 가전 제품을 사들이는 것이 현명하다고 생각한다. 그리고 좀더 정교하고 세련된 가전 제품(또는 자동차나 가구나 옷 등)이 등장하면, 전에 샀던 물건의 대금 지불이 아직 끝나지 않았더라도 신용카드로 다시 살 수 있다.

그러나 당신은 이제 새로운 세계에 와 있다. 부동산은 대체로 정체되어 있고, 수입은 줄어들거나 완전히 없어져버리며, 과다한 차입이 파산의 불씨가 되는 세상이다. 이러한 세상에서의 격언은 가능하면 현금으로 지불하라는 것이다. 분수껏 살아야 한다. 집이건, 자동차건, 식기세척기건 간에 저축을 하면서 기다렸다가 기다린 시간을 충분히 보상해 줄 만큼 오래 사용할 수 있는 물건을 사야 한다.

집을 살 때에도 우선 정서적인 수준을 고려해야 한다. 대충 사면

안 된다. 좀더 오래 기다렸다가 예전 같았으면 두 번째로 샀을 집을 처음에 사도록 한다. 마찬가지로 값비싼 물건을 구입할 때도 그런 태도를 가져야 한다. 새 자동차건 휴대전화이건 기다리면서 요모조모 살펴본 후, 요즘 유행하는 제품이라고 해서 카드를 내고 덥석 사들이지 말고 오래도록 간직할 수 있는 것을 현금으로 사야 한다.

절약은 즉각적인 욕구 충족보다 정신적인 보상이 오래 지속된다. 더욱 중요한 사실은, 현실적으로 경제적인 도움을 준다는 것이다. 절약은 새로운 세계를 여행하면서 적자의 늪에 빠져 허덕이지 않도록 지켜주는 구명 장치다.

은퇴하지 말라

비교적 최근에 생겨난 은퇴 제도가 우리들 사이에 얼마나 확고한 개념으로 자리를 잡고 있는지를 보면 놀라울 정도다. 우리가 지금 알고 있는 은퇴 제도는 1930년대 이전에는 존재하지 않았다.

미국에 대공황이 닥치자 뉴딜 정책을 제창한 루스벨트 대통령은 젊은이들에게 일자리를 제공하기 위해 나이 든 노동자들을 은퇴하도록 설득하는 방법의 하나로 사회보장 제도를 개발, 추진했다. 그때부터 사회보장 제도의 혜택은 극적으로 개선되었다. 1930년대부터 1980년대까지 연금 제도가 덩달아 붐을 일으켰다. 금융업계에서는 돈은 만들면 되는 것으로 보고 가차없이 은퇴를 장려했다. 반

세기도 안 되는 동안 은퇴는 사회적 실험에서 일종의 권리로까지 발전했다.

은퇴는 사람들이 65세 이상 살지 못했을 때, 등이 휘어지게 힘든 일을 했을 때, 나이가 들면서 점차 생산력이 떨어졌을 때, 사회가 젊은이들을 위해 노동 시장에 자리를 마련해야 했을 때는 그런대로 합리적인 방법이었다. 또한 부동산 매매로 횡재를 했던 우리 부모 세대에는 실제로 멋진 은퇴가 가능했다.

그러나 이제 새로운 시대에서 은퇴는 애써 추구할 가치도 없을 뿐 아니라 대부분의 사람들에게 불가능한 일이다. 은퇴는 이제 더 이상 아무 근거가 없는 개념이다.

정년이 65세이던 시절, 당시 인간의 평균 수명은 63세였다. 하지만 요즘은 80~90세까지 살 수 있을 뿐 아니라 노년에도 생산적으로 활동할 수 있다. 이제 65세에 은퇴를 한다는 것은 그후 20년 동안 뜨개질이나 정원 손질을 하면서 세월을 보낸다는 의미다.

은퇴가 처음 시작되었을 때 모든 사람들은 노는 것이 일하는 것보다 훨씬 만족스러울 것이라고 생각했다. 그러나 이제 당신은 그렇지 않다는 것을 알고 있다. 당신은 일에서 만족감을 느끼고, 팀의 일원이 된다는 것은 즐거운 일이며, 일은 놀이만큼이나 우리 삶에 필요한 일부라는 것을 알고 있다.

사람들이 은퇴를 생각했을 때 대부분의 일은 육체 노동이었다. 당시에는 분명 젊은이들보다 나이 든 노동자들이 덜 생산적이었다. 그러나 요즘 육체 노동을 필요로 하는 부분이 있다면 아마 전화 번호를 누르거나 키보드를 두드리는 정도뿐이다. 그러므로 나이 든 노동자들이 덜 생산적일 만한 이유는 전혀 없다. 오히려 대부분의 증거가 나이가 들수록 생산적이라는 사실을 뒷받침해 주고 있다.

은퇴를 가능하게 해주었던 경제 트렌드도 바뀌었다. 오늘날 사회보장 제도는 위축되고, 국민연금은 점점 믿을 수 없게 되었으며, 부동산은 겨우 물가 상승을 따라잡을 정도다.

은퇴하겠다는 생각은 잊어버리자. 살아 있는 죽음을 포기한다면 오히려 개인적·직업적·경제적 성장을 위해 전혀 뜻밖의 기회가 올 수 있다. 고대 그리스의 영웅 율리시즈를 본보기로 삼도록 하자. 우리의 직업 인생을, 오로지 하나의 가파른 절벽을 기어오르다가 65세라는 나이가 되면 결국 벼랑 끝으로 추락하는 것이 아니라 평생 동안 여러 산들을 오르내리는 여행으로 생각하자.

다 쓰고 죽어라

경제학자들과 언론이 앞다투어 역사상 가장 큰 액수의 유산—베이비붐 세대가 부모들에게서 받는 유산 총액—을 알리기 시작한 이래, 내 고객들은 부쩍 상속에 대해 관심을 가졌다. 하지만 나는 우리가 만일 약간의 유산을 물려받을 수 있다고 해도(그렇게 되리라고 기대하지도 않지만) 그런 일을 미리 계획하거나 기대해서는 안 된다고 생각한다. 그리고 분명 우리 아이들도 그래서는 안 된다.

재산이 가족 농장이나 사업 또는 연장과 같은 고정 자산으로 이루어져 있고, 아버지가 죽으면 어머니를 부양하는 조건으로 맏아들이 재산을 물려받던 시대에는, 세대간의 무언의 계약으로서 상속이 의미가 있었다. 그러나 요즘처럼 뮤추얼 펀드와 채권이 재산 목록에 포함되고 세대 간에 어떤 의무도 전달되지 않는 시대에는 상속이란 아무 근거가 없는 개념이다.

재산을 모으고 유지하는 것은 인생이라는 무대에서 퇴장하는 사람에게 오히려 해가 될 뿐이다. 왜냐하면 삶의 질보다 죽음의 질을 먼저 생각하게 하기 때문이다. 즉 자기 자신을 위한 일에 돈을 쓰지 못하고 자녀들을 위해 아껴둘 수밖에 없게 된다.

상속은 또한 사회에도 피해를 준다. 유산으로 보유하고 있는 자금은 경제 생산성에 도움이 되지 않는 동결 자산이 대부분이기 때문이다.

가족 관계 역시 상속으로 인해 멍들게 된다. 경제적인 욕심 때문에 가족 관계가 손상을 입는다. 당신이 새 자동차를 사면, 당신의 아들은 함께 기뻐해 주는 것이 아니라 갑자기 자신의 주머니에서 돈이 빠져나가는 것 같아 배가 아프다. 그리고 결혼한 딸이 휴일에라도 찾아오면, 당신은 어떤 저의가 숨어 있지 않은지 의심하게 된다.

'딸애가 정말 내가 보고 싶어서 오는 걸까, 아니면 자기 몫을 차

지하지 못할까 봐 걱정이 돼서 찾아오는 걸까?'

상속은 상속자의 삶을 망친다는 증거도 있다. 조사에 의하면, 상속에 대한 기대감이 일하고자 하는 의욕과 동기를 좀먹는다는 결과가 나왔다. 사랑하는 사람의 죽음을 기다리게 될 수도 있다는 것은 생각하기조차 끔찍한 일이다.

그리고 상속은 재산을 전달해 주는 방법으로는 매우 비효율적이다. 왜냐하면 다른 어떤 소득보다 엄청나게 많은 세금이 부과되기 때문이다.

이제 새로운 세상에서 우리는 영원히 살 것처럼 재산을 모으기보다는 재산과 수입을 최대한 활용하는 일에 관심을 기울여야 한다. 세상을 떠난 뒤에 아무것도 남기지 않으면서, 죽기 전에는 돈이 떨어지는 일이 없이 살아야 한다. 재산을 모아야 한다는 부담에서 벗어나, 가족을 돕고 자신의 생활 수준을 향상시키는 일에 돈을 써야 한다.

당신은 자녀들이 젊어서 가장 필요로 할 때 도움을 줄 수 있다. 그들에게 돈을 남겨주고 죽는 것보다는 여름 방학에 유럽으로 배낭 여행을 보내거나, 자동차를 살 때 돈을 보태주거나, 신혼집을 장만할 때 계약금을 내주거나, 사업을 시작할 때 창업 자금을 지원해 줄 수 있다.

현명한 상속은 자녀들의 인생에 장기적으로 훨씬 큰 도움이 된다. 25세의 자녀라면 당신에게서 받은 돈으로 아파트 전세를 얻는 대신 집을 한 채 사는 방법을 찾을지도 모른다. 자녀가 50세가 되었을 때는 그 돈을 2주일 동안의 유럽 여행 경비로 써버릴 수 있다. 게다가 당신이 살아 있을 때 아이들에게 돈을 주면 자녀들이 기뻐하는 모습을 보면서 감사를 받을 수도 있다.

유산을 남기겠다는 생각을 포기하면 훨씬 풍요로운 삶을 누릴 수 있다. 영국에 한 달 동안 여행을 가거나, 이탈리아에서 르네상스 예술을 감상하거나, 해변에 별장을 사거나, 부엌을 개조하거나 아니면 좀더 자주 외식도 할 수 있고 영화 구경도 갈 수 있다.

나는 내 고객들에게 장의사에게 지불할 돈만 남겨두라고 말한다. '다 쓰고 죽기'로 마음만 먹는다면 당신은 삶을 즐기면서 살 수 있다.

스스로 옷을 선택할 기회

위에서 말한 네 가지 격언을 따르면서 "다 쓰고 죽어라"라는 방법을 택한다면, 당신은 두려움과 좌절감을 덜어버리는 이상의 효과를 볼 수 있다. 그 네 가지 원칙들이야말로 당신이 예전 세상의 규칙으로 누릴 수 있었던 것보다 훨씬 더 풍요로운 미래의 문을 열어주는 열쇠다.

나는 인생의 비밀을 깨닫고 산에서 내려온 도사는 아니다. 다만 새로운 이치와 옛날의 규칙 사이에는 전혀 다른 세상을 만들 수 있는 철학적인 차이점이 있다는 것을 알고 있을 뿐이다.

과거의 규칙들에도 훌륭한 것들이 있겠지만 대부분은 장황하고 지루한 가치관에 근거한다. 직장에서 승진하려고 애쓰는 이면에는 남들이 나에 대해 어떤 평가를 하는지에 더 연연하면서, 오로지 가장 높은 정상에 오르는 것만이 중요하다는 발상이 숨어 있다.

누군가 당신에게 신용카드 구매를 부추기는 것은 노력해서 버는 것이나 그저 얻는 것이나 다를 바 없다는 믿음을 불어넣는 것이다.

그리고 당신이 한창 일할 나이에 은퇴를 권유한다는 것은 일이란 가능하면 피해야 하는 저주라고 속삭이는 것이다.

또한 재산을 모아서 상속을 하겠다는 것은 당신이 자녀들에게 남겨줄 수 있는 가장 중요한 것을 돈으로 생각하고 있다는 증거다.

반면, 새로운 교훈은 한 가지 기본적인 원칙에 기초하고 있다. 즉 목표를 세우고 그것을 이루기 위해 최선을 다하는 것이다. 이러한 철학에 의하면, 우리가 하는 모든 일은 '단지 일에 지나지 않는다'. '현금으로 지불'할 수 있을 때 구매할 물건을 선택한다.

그리고 '은퇴를 하지 않는다면', 무슨 일인가를 하고 있는 한 원하는 것은 무엇이든 할 수 있다. 또한 재산을 모두 써버리고 '빈털터리로 죽기'로 마음먹는다면, 우리는 살아 있는 동안 내내 적절한 부를 누릴 수 있다.

다 쓰고 죽는 방법이 우리에게 제공해 주는 것 중에서 무엇보다 중요한 것은 자유다. 신대륙에 건너온 이주민들처럼, 당신은 새로운 경제세계에서 자유를 찾을 수 있다. 지금까지 요구되었던 삶의 방식에서 벗어나서 이제 당신의 삶을 스스로 이끌어갈 수 있다. 그것은 마치 부모가 골라주는 옷을 입다가 마침내 직접 선택하는 것과 같다. 지금까지 무엇을 해야 한다거나 무엇은 할 수 없다고 세뇌당해 왔던 말들은 이제 모두 잊어버리고 자신 스스로가 쓴 각본대로 살 수 있게 된 것이다.

부동산은 더 이상 유망한 투자 대상이 아니다. 그런데도 집을 이리저리 옮겨다니는 일이 정말 부러워할 만한 일인가? 삶에 정서적인 풍요로움을 제공해 주어야 할 집을 상품으로 바꾸어버린 것은 아닐까? 이제 당신에게는 단순히 집이 아니라 당신과 가족이 사랑할 수 있고, 대대로 당신의 자손들이 살아갈 수 있는 아름다운 공간으로서의 가정을 꾸밀 기회가 왔다.

물론, 안정된 직장은 사라졌다. 하지만 당신은 지금껏 자신보다 회사의 목표를 추구하면서 육체적으로나 정신적으로 자신을 죽이면서 살고 있지는 않았는가? 이제 당신에게는 자신의 꿈을 이룰 수 있는 권리가 주어졌다.

은퇴는 불가능한 꿈이 되고 말았다. 하지만 정말 은퇴가 추구할 만한 가치가 있을까? 은퇴는 단지 당신의 육체적, 정신적 건강을 해치고 노화를 재촉하는 것이 아닐까? 이제 당신은 직업을 자신의 고유한 삶에 맞는 평생 동안의 여행으로 생각할 수 있게 되었다.

재산을 자녀들에게 남겨주기 위해 애쓰는 사람들은, 도대체 왜 그러는 것일까? 그것은 우리 자신이나 자녀들에게는 물론 사회를 위해서도 바람직하지 않다. 이제 당신은 살아 있는 동안 자신과 다른 사람들을 위해 돈을 쓸 수 있다.

새로운 세상으로의 여행

　다 쓰고 죽기로 작정함으로써 우리는 두려움 없이 미래를 반갑게 맞이할 수 있다. 다 쓰고 죽는 것은 현재의 불행에서 벗어나 기쁨과 행복이 넘치는 곳으로 들어가는 길을 열어준다.
　시대에 뒤떨어진 과거의 규칙들을 버림으로써, 불가능한 추구를 포기함으로써, 그리고 스스로 목표와 방향을 결정함으로써, 이제 당신은 자신의 희망과 꿈을 가질 권리를 주장할 수 있다. 당신만이 느낄 수 있는 진정한 기쁨과 만족, 그리고 번영으로 이끌어가는 길을 발견할 수 있는 기회를 갖게 된 것이다.
　마침내 새로운 경제세계를 이해하면, 당신은 담담한 눈으로 자신의 남은 여생을 바라볼 수 있을 것이다. 그리고 당신 앞에 마주하고 있는 새로운 세상을 분명하고 객관적인 눈으로 바라보고 그 안에서 자기 자리를 찾을 수 있을 것이다. 다 쓰고 죽는 방법은 당신의 인생을 보다 바람직하게 변화시켜 줄 것이다. 나는 매일 내 사무실에 찾아오는 사람들에게서 그것을 확인할 수 있다.
　당신에게는 물론 선택권이 있다. 새로운 세상을 선택할 수도 있고, 아니면 과거에서 헤매고 있을 수도 있다. 당신은 앞을 내다보고 새로운 세기를 반갑게 맞이할 수도 있고, 아니면 두려워하면서 옛날 규칙에 매달려 헤맬 수도 있다.
　그대로 눌러앉아서 흘러간 좋은 시절을 돌아보며, 새로운 세상에 대해 안타까워하면서, 스스로 만든 빈민굴에 숨어 지내면서 살아 있는 유골이 될 것인가? 아니면, 자리를 털고 일어나 소매를 걷어부치고 새로운 땅에서 자신의 자리를 만들 것인가?

내가 여러분에게 권하는 여행은 쉽지 않을 것이다. 항해를 하는 동안 물에 빠지지 않으려면, 당신 자신과 자신의 자리를 똑바로 응시해야 한다. 아마 3등실 배안에서 1주일을 보내는 것만큼 힘들지는 않을지 몰라도 상당히 불편할 수 있다. 하지만 내가 약속하건대, 이 책을 끝까지 다 읽노라면 당신에게 필요한 모든 정보와 충고를 얻을 수 있을 것이다.

21세기는 그야말로 약속의 시대다. 거기 도착하기 위해서 당신이 해야 하는 일은 책장을 넘기는 일뿐이다.

DIE BROKE 02

지금 당장 사표를 써라

우리가 새로운 경제세계에서 살고 있다는 증거를 보여달라구? 당신이 일하고 있는 사무실을 한번 둘러보라. 분명 직원이 많이 줄었을 것이다.

판매 실적 보고서를 타이핑하고, 우편물을 전달해 주고, 팸플릿을 만들고, 주변에서 잡다한 일들을 맡아 하던 사람들이 오래 전부터 보이지 않을 것이다. 그뿐 아니라 그 말단 사원들을 감독하던 사람들도 역시 온데간데없을 것이다.

동료 직원들 중에도 소속 부서가 흑자를 내지 못했거나, 입바른 소리를 했다거나, 은퇴할 때가 가까워진 사람들 역시 보이지 않을 것이다. 그리고 당신을 포함해서 남아 있는 사람들 역시 분명 풀이 죽어 있을 것이다.

더 이상 한가롭게 점심을 먹으면서 아이들과 골프에 대한 이야기를 나누는 일도 없을 것이다. 대신, 혼자 책상에 앉아서 도시락을 먹는 날이 훨씬 많아졌을 것이다.

동료들과 함께 밖에 나가더라도 대화라기보다는 정보 수집에 가까운 이야기를 주고받을 것이다. 그리고 어제 프로 야구 경기가 어떻게 되었는가 하는 것보다는 회사 주식이 얼마였는지를 물을 것이다.

좀더 확실한 증거를 원하는가? 그렇다면 당신 자신을 한번 생각해 보라.

과거에 당신(그리고 당신의 배우자)은 아마 해가 떠서 질 때까지, 그리고 해가 진 후에도 열심히 일했을 것이다. 그리고 그것도 모자라 집에까지 일을 가져와서 밤이나 주말까지 일을 했을 것이다. 사람들을 만나면 주로 일에 대한 대화를 나누었는데, 그것은 늘 함께 일하는 사람들과만 자주 어울렸기 때문이기도 했다.

기본적으로 일이 곧 당신의 삶이었다. 당신은 사다리를 그냥 올라가는 것이 아니라 전력을 다해 기어올랐다. 오르고 또 오르면서 성공하고, 그리고 점차 잘살게 되었다.

요즘도 당신(그리고 당신의 배우자)은 여전히 해가 떠서 질 때까지 일을 할 테지만 그다지 신바람이 나지 않을 것이다. 여전히 집에 일을 싸들고 오지만, 그 이유는 세 사람이 해야 할 일을 혼자서 처리해야 하기 때문이다.

여전히 밖에서는 주로 일에 대한 대화를 나누지만, 이제는 일이 얼마나 지긋지긋한지 푸념을 늘어놓는다. 당신은 아직도 전력을 다하고 있지만 이제는 다람쥐가 쳇바퀴 돌리는 식이다. 그리고 단지 쫓겨나지 않기 위해 점점 더 빨리 달려야 한다.

성공과 부는 꿈도 꿀 수 없고 연봉이나 제대로 받을 수 있을지 걱정할 정도다. 이제 일은 삶의 중심이 아니라 당신의 존재를 파괴하는 재난이 되었다.

하지만 장담하건대 당신 혼자만 그런 것은 아니다.

직장 생활의 중압감에서 벗어나라

1985년 내가 처음 안드레아 드리슨을 만났을 때, 그녀는 여피족을 겨냥한 잡지의 표지 모델에 딱 어울리는 모습이었다. 안드레아와 유명한 성형외과 의사인 그녀의 남편은 뉴욕의 최고급 주택가인 서튼 플레이스에 위치한 아파트를 사기 위해 나를 찾아왔다.

와튼 경영대학을 졸업한 안드레아는 회사에서 떠오르는 샛별이었다. 그녀는 일류 국제 금융업체에서 연봉 20만 달러를 받고 부사장으로 일했다. 그리고 사장 후보로 내정되어 있었다. 그도 그럴 만했다.

안드레아는 우선 눈에 띄었다. 키가 크고 말랐으며, 광대뼈가 튀어나오고 매부리코인 그녀는 위풍당당한 맹금류를 연상시켰다. 그녀에게서는 맹렬함이 느껴졌다.

그녀는 건방지지는 않았지만 필요 이상의 잡담이나 농담을 주고받는 일에는 관심이 없어 보였다. 말을 얼버무리거나 우물쭈물하는 법도 없었다. 그녀는 언제라도 자신이 원하는 모든 것을 움켜잡을 태세였다.

안드레아와 그녀의 남편과 함께 일하기는 쉽지 않았다. 그 부부는 모두 하루 열두 시간을 일했다. 그들은 얼굴을 마주하고 서로 대화할 시간이 거의 없었다. 아파트를 구하기 위해 나와 함께 앉아 이야기하는 시간을 가진 것도 참으로 오랜만이었다.

사실 결국은 잘된 일이 되었지만, 새로운 집을 계약하기 전에 그들은 이혼 서류에 먼저 사인을 했다. 안드레아는 나의 고객으로 남았고, 이혼을 매듭지으면서 북동부에 있는 아파트를 사는 일을 내가 도와주었다.

아파트 구입이 끝난 후부터는 매년 1월에 안드레아를 만나서 그녀의 가계 재무와 직장 문제를 진단해 주었다. 그녀는 사생활에 대해서는 아무 말도 하지 않았다. 그녀에게는 일이 삶의 전부였다.

그런 안드레아로서는 회사가 1993년도 2분기 동안 적자 행진을 계속하자 매우 힘들어했다. 주주들인 영국의 투자 은행과 아시아의 금융업자는 모두 현금을 벌어들이는 능력을 보고 그 회사에 투자했는데 6개월 동안이나 적자가 나자 경영진에게 감원을 해서라도 수익을 올리라고 압력을 넣었다.

안드레아의 위치는 불안해졌고, 그녀는 달갑지 않은 일을 떠맡게 되었다. 그녀는 이미 사무실에서 살다시피 했지만, 회사 내에서 남아 있으려면 지금보다 두 배 이상은 노력해야 한다는 것이 분명했다.

그 즈음 안드레아는 해마다 해오던 '재무 진단'을 받기 위해 나를 찾아왔다. 그녀는 그다지 건강해 보이지 않았다. 강한 인상을 풍기던 그녀의 얼굴은 무척 수척해 보였다. 이제 그녀의 맹렬함은 자신감이 아니라 좌절감에서 기인한 듯했다.

나는 항상 사무실에 클래식을 틀어놓는다. 우리 사무실은 혼잡하고 무질서하게 느껴질 수도 있다. 항상 전화 벨이 울리고, 직원들은 언제나 한 번에 적어도 세 가지 이상의 일을 하고 있다. 나는 고전 음악이, 특히 바로크 음악과 낭만주의 음악이 알게 모르게 마음을 편안하게 해준다는 것을 알았다. 그래서 사무실에 들어오자마자 제일 먼저 점심 시간까지 들을 수 있도록 CD 플레이어에 디스크를 충분히 올려놓는다.

나는 늘 하던 대로 사무적인 태도로 상담을 시작했다. 안드레아는 평소의 냉정하고 분석적인 자세로 사무실에서 일어나는 일들을 설명했다. 그런데 갑자기 전혀 그녀에게서 기대할 수 없었던 일이 일어났다.

"비발디군요, 그렇죠?"

안드레아가 맞았다. 그것은 비발디의 곡이었다. 하지만 〈사계〉처럼 잘 알려진 작품이 아니라 상당히 난해한 협주곡이었다. 나는 다소 놀라웠다.

"음악에 조예가 깊으시군요."

내가 맞장구를 치자 안드레아는 싱긋 웃으며 어릴 때부터 계속 첼로를 배웠는데 대학을 졸업한 후 그만두었다고 말했다. 그리고 자신이 얼마나 비발디 연주를 좋아했는지에 대해 이야기했다. 그때 그녀의 얼굴은 내가 지금까지 익히 보아왔던 맹렬함이 아니라 전에는 볼 수 없었던 따스함으로 환하게 밝아졌다.

하지만 그 표정의 변화는 나타났을 때처럼 갑자기 사라졌다. 평소의 무감각한 태도로 그녀는 직장 문제와 중압감에 대한 이야기로 말을 맺었다.

"이제 나는 어떻게 해야 하죠?"

안드레아가 물었다.

"당장 사표를 쓰세요."

내가 대답했다.

평생 직장은 없다.

고용주와 종업원 간의 관계가 변한 것은 분명하다. 그 첫 징조를 우리는 쉽게 무시해 버렸다. 1980년대 미국의 상위 500개 제조업체들이 500만 명에 달하는 블루 컬러 노동자들을 해고했을 때, 화이트 칼라인 우리들은 그저 '거쳐야 하는 과정'의 하나쯤으로 생각했을 뿐이다.

그러고 나서 1990년대 초반 중간 관리자들의 해고가 시작되었을 때, 우리는 그것을 경기 후퇴와 무능한 회사 경영 탓으로 돌렸다.

그러나 경기 후퇴가 끝났어도 해고는 계속되었다. 점차 많은 중상위층 관리자들이 매일 감원되고 있으며, 그 끝은 보이지 않는다.

이러한 상황이 무엇보다 괴로운 점은 우리가 일자리를 지키기 위해 할 수 있는 일이 아무것도 없다는 사실이다. 예전 같으면 가족주의를 부르짖는 회사에서 근무 실적과 근무 연수로 자기 자리를 지키면서 승진할 수 있었다. 1980년대와 1990년대 초반에는 회사가 계속 흑자를 내기만 하면 안전한 것처럼 보였다.

회사의 수익을 좌지우지할 수는 없었지만, 어느 정도 영향력을 미칠 수 있었고, 적어도 개인 실적을 보여주면서 자신의 가치를 주장할 수 있었다. 하지만 지금은 그것으로 충분치 않다. 회사는 수익 올리기와 가차 없는 해고를 동시에 실행하고 있다.

이제 우리 자신의 위치를 안전하게 지키기 위해 할 수 있는 일은 아무것도 없다.

지금 화이트칼라, 중산층, 대졸자들은 자신들의 생활 수준이 낮아지고 취업 전망이 하향 추세로 치닫는 것을 그저 지켜보고 있을 뿐이다. 물론 이런저런 경기 부양책이 말하는 것처럼 새로운 일자리들이 생기고 있다.

그러나 그것이 사라지는 일자리의 수를 따라갈 수는 없다. 게다가 대부분이 파트타임으로 근무한다. 회사 본점에서 근무하는 관리직보다는 동네 햄버거 집에서 감자를 튀기는 일들이 주를 이룬다.

요즘 최대의 고용주는 더 이상 대기업이 아니라 임시직 소개소다. 이러한 상황이 모든 것을 말해 준다. 승진을 하고 경제적으로

나 정서적으로 일에서 보람을 느끼던 시절은 이제 영원히 사라져 버렸다는 사실이다.

그러면 해결책은 무엇인가?

회사가 바로 당신이다

해결책은 단 한 가지뿐이다. 직업관을 바꾸는 것이다. 내가 안드레아에게 당장 사표를 쓰라고 말한 것은 바로 그런 의미에서였다.

역사적으로, 미국인들의 직업관은 언제나 변화하는 사회 경제의 추세에 맞추어 발전해 왔다. 사회과학자들은 미국인들에게서 5가지 직업관에 대한 경향을 지적한다.

첫째, 칼뱅 교도의 운명 예정설, 그리고 퀘이커 교도의 개인주의와 금욕주의에서 비롯된 프로테스탄트 윤리가 있었다. 즉 "신의 영광을 위해 기꺼이 일한다"는 것이었다.

그러다가 벤저민 프랭클린에 의해 "우리 자신을 위해 부지런히 일하자"는 공리주의로 환속되었다. 그것은 인구의 80퍼센트가 농업이나 기능직에 종사하는 자영업자였던 시절에 매우 편리하게 작용했다. 프랭클린의 말처럼 "신은 스스로 돕는 자를 도왔다."

그러나 모험적인 개척 정신과 산업혁명에 편승해서 사람들의 직업관은 다시 변하기 시작했다. 묵묵히 일만 하는 프랭클린의 기능공들 대신 호라시오 앨저(Horatio Alger, 미국의 아동문학가, 그의 작품의 소년 취향의 성공담적인 성격이 미국적인 성공의 꿈과 결부되어 인용됨 – 옮긴이 주)가 유행시킨 영리한 모험가들이 등장했다.

올바른 태도를 가진 사람은 성공할 수 있다는 자수성가식의 윤리관은 사회 불평등을 합리화시키는 데 도움이 되었다.

하지만 기술의 진보와 함께 관료주의가 발전하면서 자수성가를 한다는 것은 점점 어려워졌다. 그 결과 새로운 직업관이 탄생했다. 사람들은 스스로 사업을 하기보다는 대기업에 취직해서 중요한 책임과 높은 지위가 주어지는 위치로 승진하려고 안간힘을 쓰기 시작했다. 이러한 출세주의는 이른바 '조직원'이라고 불리는 세대를 만들어냈다.

1960대와 1970년대에 베이비붐 세대가 노동력에 흡수되기 시작하면서 더 많은 변화가 일어났다. 대규모 단체에서 성장한 그들은 가정과 직장에서 어느 정도 개인주의를 누리기를 원했다. 그래서 개인적 성장에 관심을 갖고 '도전적'이면서 '자기 표현'이 가능한 일을 원했다.

이러한 자기 실현주의는 안정된 직장의 기반 위에 세워진다면 얼마든지 바람직한 일이다. 그러나 현재 앉아 있는 자리가 불안한 요즘 자기 실현을 계속 추구하다가는 엄청난 좌절을 겪을 수 있다. 아마 당신도 이 정도는 알고 있을 것이다.

이러한 직업관의 변화는 사회의 변화 속도를 반영하면서 점점 더 빨라지고 있다. 공리주의는 한 세기 이상 지속되었다. 출세주의는 50년 동안 이어졌다. 그리고 이제 불과 20년이 지난 후, 이제 바야흐로 자기 실현주의를 버리고 소위 내가 말하는 상업주의를 채택해야 하는 시기가 되었다.

경제가 팽창하고 안정적인 환경에서는 직업적으로 자아를 실현하고 고용주와의 관계를 돈독하게 유지하는 것이 어렵지 않을 것이다. 그러한 태도는 정부가 저금리 대출을 통해 고등 교육을 보조하고 회사들이 중간 관리층을 확대할 당시에는 당연하게 여겨졌다. 지난 20년 동안, 우리가 무슨 일을 하고 누구를 위해 일하고 있는지가 인간으로서의 자신의 가치와 가치관을 반영해 왔다.

'일'이란 단어는 시대에 뒤떨어진, 육체 노동자들이나 사용하는 단어가 되었고, 그 대신 '경력'과 '직업'이라는 좀더 추상적인 단어로 대체되었다.

그러나 회사에 대한 충성심 같은 것은 사라지고 어느 누구도 실적과는 상관없이 어떤 이유로든 해고당할 수 있으며, 명문 대학을 졸업한 젊은이들이 임시직으로 채용되고, 연봉 인상이 좀처럼 쉽지 않은 지금 세상에서 자신과 자신의 일을 동일시하는 것은 경제적이나 정서적으로 매우 위험한 생각이다.

나는 고객들에게 오늘 당장 사표를 쓰라고 말한다. 지금 이 순간부터 자신을 정신적으로 고용주로부터 분리하라. 다시 말해, 회사를 떠난 것처럼 행동하라는 것이다. 또한 회사의 손익에 대해서 신경 쓰는 만큼 자신의 손익에도 관심을 가지라고 말한다.

반드시 경력이 될 수 없는 일이라고 해도 지금 하고 있는 일에 초점을 맞추고, 무엇보다 일을 돈벌이로 생각해야 한다. 다른 혜택들은 순전히 그 다음에 고려해 볼 문제다.

그렇다고 돈에 집착하라는 말은 아니다. 단지 일편단심 직장을 통해서 자아 실현을 하려는 생각은 버리라는 말이다. 일—나는 일부러 일이라는 단어를 사용한다—을 통해 자신의 목표를 달성한다기보다는 자신의 목표를 달성하기 위해 필요한 돈을 버는 수단이라고 생각하라는 것이다.

당신은 이제 이중적인 시각을 갖는 연습을 해야 한다. 즉 당신 자신과 회사가 필요로 하는 것을 양쪽 다 바라볼 수 있어야 한다.

롤 모델을 찾아라

새로운 직업관을 위한 롤 모델을 찾고 있는가?

프로 운동 선수들을 보라. 그들은 팀의 일원으로 최선을 다하지만, 무엇보다 최고의 연봉을 받는 일에 관심이 있다. 그들은 어떤 팀에 소속되었건 간에 계약기간 동안에는 임시직이라는 것을 잘 알고 있다. 또한 계약상태에도 불구하고 내일 당장 다른 팀과의 선수 교환을 수락하거나, 팀에서 해고당하거나, 권리를 포기해야 되는 수도 있다.

그들은 자신의 일을 무엇보다 돈을 버는 수단으로 여긴다. 자유계약 선수들은 실적에 따라 보상을 받아야 한다고 주장한다. 그들은 자신과 같은 위치에서 경기하는 다른 선수들과 자신의 점수를 비교하고 거기에 상당하는 시장 가격을 받는 것을 당연하게 생각한다. 꿈나무들을 키우기 위해 보수를 적게 받는 것을 고려해 보는 것도 '가족들의 생계를 보장받고' 나서 생각해 볼 문제다.

고용주는 그들보다 덜 할까? 전혀 그렇지 않다. 구단주는 어떤 이유에서건 선수를 맞교환하거나 방출할 수 있으며, 성적이 부진한 선수는 가차없이 연봉을 깎는다.

당신은 자신도 그럴 수 있겠구나 하고 막연하게 생각할 뿐 실감이 나지 않을 것이다. 당신은 운동 선수가 아니니까. 하지만 바로 지금 당신이 아주 잘 아는 사람들이 그대로 실천하고 있다. 즉 X세대라고 부르는 밉살스러운 당신의 후배들 말이다.

당신과는 달리 회사에 대한 충성심을 경험해 본 적이 없는 그들에게는 추억할 만한 '예전의 좋은 시절'이 없다. 경제가 한창 호황이던 시절과는 멀찌감치 떨어진 그들은 일찍부터 우울한 직업 세계를 직면해야 했다.

그들은 햄버거 가게의 아르바이트를 하면서 성장한 세대로, 사생활이라곤 거의 없이 죽도록 일만 하다가 해고당하는 당신의 모습을 지켜보았다. 그들은 회사의 정책을 증오하고, 조직을 믿지 않으며, 무엇보다 돈에 먼저 이끌린다.

얼마 전 한 젊은 친구가 내게 말했다.

"돈이 많다면 돈에 대해 집착하지 않을 수 있죠. 하지만 27세의 나이에 아직도 부모님께 얹혀 사는 신세라면 돈이 절실할 수밖에요."

사람들은 툭하면 X세대를 비난하지만 그들이야말로 현재의 경제가 필요로 하는 노동자들이다. 그들은 스스로 결정하고, 새로운 기술에 능통하고, 재기 발랄하고, 유연하다. 그들은 경영자들이 원하는 조건을 갖추고 있다.

나는 모든 고객들에게 오늘 당장 사표를 낼 것, 상업주의 직업관을 취할 것, X세대의 일터 규칙을 배워서 실천에 옮길 것을 역설한다. 그렇게 하지 않는다면? 끝장이다.

바람직한 직장생활을 위한 규칙

여러분이 다음에 나오는 규칙들을 따라간다면 아마 공룡처럼 멸종하는 일은 없을 것이다(좀더 자세한 조언은 이 책의 2부에서 얻을 수 있다).

일은 단지 일에 불과하다

숭고한 직업 인생을 추구하는 따위는 잊어버리자. 일은 우리의 여생과 성공적으로 조화될 수 없다. 일이 삶 자체는 아니다. 일은 삶을 위해 필요할 뿐이다.

내 고객인 매리 스텔론은 아주 바쁜 유명 광고 회사 간부로서 37세 때 20만 달러에 가까운 연봉을 받았다. 그러나 다섯 살배기 막내딸이 엄마가 유럽 출장을 갈 때보다 보모가 휴가를 갈 때 더 불안해하는 것을 보고 뭔가가 잘못되었다는 것을 깨달았다.

매리 스탤론은 자신의 모든 시간을 투자하지 않으면 현재의 지위와 수입을 유지할 수 없다는 것을 깨닫고는 하루 24시간, 1주일을 꼬박 매달려 일하지 않아도 되는 다른 직장을 구했다. 이제 그녀는 같은 돈을 벌고 있지만 매일 저녁에 아이들과 함께 집에서 식사를 한다.

직장을 옮겨다녀라

마음속으로 사표를 써라. 일에 대한 만족감이나 수입을 확실하게 늘여갈 수 있는 유일한 방법은 계속 다른 일을 알아보는 것이다. 일자리를 많이 옮겨다닐수록 수입이 늘어날 가능성이 많기 때문이다. 항상 새로운 일자리를 알아보라.

대니 케네디는 유명한 여행 잡지사에서 9년 넘게 아트 디렉터로 일했다. 그의 수입은 꽤 많은 편이었으나 최근 4년 동안 연봉은 오르지 않았다.

곧 아이가 태어날 예정이어서 그는 좀더 넓은 아파트를 사야 했다. 대니와 그의 아내가 원하는 넓은 아파트를 사기 위해서는 지금보다 많이 벌어야 했다.

대니는 다소 용기가 필요했으나 지금의 편한 자리를 박차고 항해를 떠나는 것이 최선의 방법이라고 생각했다. 그는 연봉이 5퍼센트 높은 다른 직장을 찾았다. 그리고 이제 10개월밖에 안 됐지만 너무 편안해지기 전에 이미 다른 직장을 알아보고 있는 중이다.

단기적인 복지 혜택들을 감안하라

연금 제도처럼 장기적인 혜택은 소용이 없다. 연금이 만기되기 전에 해고당할지도 모르니까. 그보다는 건강보험, 탁아소, 근무 시간 자유 선택, 자택 근무, 휴가, 직원 헬스 클럽 이용권 등 현재의 생활 수준을 향상시켜 주는 단기적인 복지 혜택들을 고려해야 한다.

수평 이동이 수직 이동보다 바람직하다

책임을 져야 하는 지위에 오르는 것보다는 자신의 능력을 키울 수 있는 기회가 있는 자리로 수평 이동하는 편이 유리하다. 중책을 맡으면 단지 새로운 직위가 주어질 뿐 희생양이 될 가능성이 더 커지고, 보수도 그다지 많아지지 않는다. 반면 능력을 키우면 직장을 옮기기가 좀더 쉬워진다.

개리 레오폴드는 대형 유통업체에서 일하면서 승진했다. 그는 마케팅과 판촉 업무를 좋아했고, 그러다 보니 그 분야의 전문가가 되었다. 그래서 마케팅 부서에 자리가 나자 그는 바로 지원했다. 그런데 인사 담당 간부와 이야기를 나누다가 자금부에도 자리가 났다는 것을 알게 되었다.

나에게서 새로운 규칙을 배운 그는 위태로운 사다리를 한 계단 더 오르는 것보다 자신의 능력을 키울 기회를 잡는 것이 유리하다고 판단했다. 그는 자금부에 들어갔고, 8개월 후 또다른 유통업체의 총지배인으로 자리를 옮겼다.

눈치볼 필요 없다

자신이 해야 할 일이 무엇인지 정확하게 파악한 후 최선을 다하라. 회사의 빈자리를 채우고 새로운 세력 기반을 확보하겠다는 생각은 집어치워라.

그러한 행동은 사생활을 위한 시간을 빼앗을 뿐 자신의 자리가 확고해지지도 않는다. 단, 아무리 시간이 많이 걸리더라도 맡은 일은 하고 퇴근해야 한다.

맡은 일이나 잘하자

회사 행정에는 신경 쓰지 말자. 누가 촉망받는 사원인지는 중요하지 않다. 떠오르는 샛별이나, 아첨꾼이나, 묵묵히 일만 하는 사람이나 모두 언제 해고당할지 알 수 없다. 그런 신경을 쓸 시간이 있으면 개인적인 일이나 다른 일자리를 찾는 데 사용하라.

전통은 아무 의미도 없다

직장의 전통이나 관례는 아무 의미가 없다. 정식 사원이 될 때쯤이면 모든 것이 사라져버릴지도 모르기 때문이다. 과거에는 회사에 취직하면 먼저 그곳의 전통이나 관례를 배우곤 했다.

그러나 요즘은 수습 딱지를 떼기도 전에 회사나 직종 자체가 없어져버릴 수도 있으므로 전통이나 관례를 배울 시간이 없다. 이제 자신이 선택한 것은 어떤 일이든 첫날부터 돈벌이로 생각해야 한다.

연봉 액수가 곧 당신의 능력이다

중요한 것은 일에 대한 대가로 받는 돈의 액수다. 돈 이외의 다른 것들은 나머지 삶에서 찾아야 한다. 일은 필요한 돈을 벌기 위한 수단에 불과하다. 따라서 많이 받을수록 좋다.

연봉 인상에 관한 한, 자유 계약 선수로서의 당신의 가치는 회사의 손익이나 근무 연수가 아니라 당신의 능력에 대한 시장 가격에 준한다는 사실을 기억하라.

만일 다른 수석 보좌관들이 1만 5,000달러를 받는다면 당신도 그만큼의 보수는 받아야 한다. 만일 당신이 소속되어 있는 회사에서 일하는 다른 부서의 행정직 부사장급이 25만 달러를 받는다면, 당신도 그만큼 받아야 한다.

연봉 액수는 곧 당신의 능력이다. 현재의 고용주에게 만일 당신이 하는 일에 맞는 시장 가격을 지불하지 않으면 언제 떠날지 모른다는 것을 분명히 주지시켜라. 그러면 아마 당신에게 '돈 구경'을 시켜 줄 것이다.

리치 거더슨은 대형 언론사에서 해고되었을 때 나를 찾아왔다. 그는 오랫동안 힘든 시간을 보내다가 실직한 지 거의 1년 만에 한 주 동안 두 곳에서 동시에 일자리를 제의받았다.

한 곳은 진취적이고 재미있는 직장으로 소문난 흥행업체였고, 다른 한 곳은 안정적이지만 보수적이고 고리타분한 조직으로 알려진 출판사였다.

활발한 성격의 리치는 처음에 진취적인 회사를 선택하려고 했다. 하지만 생각을 바꾸어 손익에 초점을 맞추었다. 그는 연봉 1만 달러를 더 주는 고리타분한 출판사를 택한 대신 가정에서 재미를 찾기로 했다.

일은 돈벌이를 위한 수단일 뿐이다

만일 오늘 당장 사표를 내고 상업주의 직업관을 따르기로 한다면 당신에게 이익이 될 것이다. 다시 말해 살면서 행복을 느낄 수 있는 기회를 더 많이 갖게 되는 것이다. 그것은 당연한 일이다.

일에서 돈 이외의 다른 욕구를 충족하려는 것은 애초부터 잘못된 일일지도 모른다. 일을 돈벌이 수단으로 여긴다면, 자신이 진정 원하는 것이 무엇인지를 객관적으로 보게 되고, 그것을 보다 손쉬운 방법으로 충족시킬 수 있다.

예를 들어, 영적인 보상을 원한다면, 자신의 영적 생활을 돌보아야 한다. 사무실보다는 교회, 이슬람 사원, 절 또는 명상을 통해 당신의 신을 찾기가 훨씬 쉬울 것이다.

그리고 사랑과 소속감을 원한다면, 상황과 우연에 따라 일시적으로 모이는 직장 동료들보다는 가족과 친구들에게서 찾아야 한다.

또 자기 실현을 원한다면, 직장 밖에서 찾아보라. 당신은 얼마든지 최고의 배우자, 부모, 자식, 이웃, 친구, 시민이 될 수 있다. 그러면 최고의 회계사가 되는 것보다 진정한 인간적 잠재력을 더 많이 발휘할 수 있을 것이다.

마음 속으로 사표를 써라

나는 안드레아에게 사표를 내라고 제안했다. 그리고 직업은 정서적이나 심리적 만족을 얻기 위한 것이 아니라 돈을 벌기 위한 수단에 불과하며, 따라서 상업주의 직업관을 가져야 한다는 내 생각을 설명했다. 그녀는 처음에는 웃어넘겼지만, 자기 나름대로 무언가를 깨닫기 시작했다는 것을 알 수 있었다.

6개월 후 우리가 다시 만났을 때, 안드레아는 전보다 훨씬 더 행복하고, 따뜻하고, 그리고 인간적으로 보였다. 그녀는 웃으면서 모두 내 덕분이라고 말했다. 그녀는 마음속으로 사표를 썼고, 다시 첼로를 연주하기 시작했다. 그녀는 몇 명의 아마추어 연주가들과 함께 현악 4중주단을 조직했다.

안드레아는 여전히 사무실에서 오랜 시간을 보냈지만, 회사 사장이 되겠다는 기진맥진한 욕심은 버렸다. 그리고 일과 고용주를 자신과 동일시하지도 않는다. 그녀는 가끔씩 리허설과 연주회를 하기 위해 근무 시간을 빼먹기도 했다. 나는 애걸을 해서 그녀의 연주회에 초대를 받았다.

우리가 그 다음—연주회 4개월 후—에 만났을 때 안드레아는 더욱 놀라운 변신을 하고 있었다. 그녀는 용기를 내서 최근에 이혼했다는 소문을 들은 대학 시절의 남자 친구를 만났다. 그는 코네티컷의 한 고등학교 교사로 지내고 있었다. 그들은 다시 사랑에 빠졌다. 그들은 결혼을 약속하고 각자의 아파트를 팔아서 그리니치에 가정을 꾸미는 계획을 설계했다.

지금 안드레아와 그녀의 남편 잭은 딸 쌍둥이의 부모가 되었다. 잭은 고등학교 교사이고, 안드레아는 여전히 같은 금융업체에서 근무 중이다.

그러나 그녀는 더 이상 사장이 되려고 노력하지 않는다. 보다 중요한 것은 그녀가 자신의 삶을 스스로 주관하고 있다고 느낀다는 사실이다.

안드레아는 여전히 자신이 잘하는 일을 계속하고 있지만, 일이 삶의 전부라고는 생각하지 않는다. 만일 그녀가 내일 직장을 잃는다면 분명 실망할 것이고 생활 계획을 다시 조정해야겠지만, 그 때문에 자존심이 상하는 일은 이제 없을 것이다. 그녀는 이미 1년 전에 사표를 냈으니까 말이다.

DIE BROKE 03

현금으로 지불하라

 이 세상에는 당신을 영원히 20세기에 가두어둘 수 있는 세 가지가 있다. 그 첫째는 자신의 태도와 사고 방식을 바꾸지 않는 것이다. 당신은 이미 이 책을 사서 여기까지 읽었으므로 그렇게 고지식한 사람은 아닐 것이다. 하지만 다른 두 가지는 좀처럼 버리기가 쉽지 않다.
 당신이 어디를 가든지 항상 지니고 다니며 이제는 있으면 좋은 정도가 아니라 없으면 살 수 없을 정도로 필수품이 된 것. 하지만 생필품이라고 생각되는 그것은 불필요할 뿐 아니라 암적인 존재다. 하지만 그것을 지금 당장 당신의 삶에서 잘라내지 않는다면 다른 부분까지 치명적인 손상을 입을 것이다. 짐작하겠지만, 그것은 바로 현금카드와 신용카드다.

내가 허풍을 떨고 있다고 생각하는가? 그렇다면, 당신의 경제생활이 얼마나 편리해졌는지, 그리고 당신의 욕구가 얼마나 순식간에 충족되는지를 한번 살펴보자.

슈퍼마켓에서 당신은 무엇으로 계산하는가? 아마도 계산대에서 현금카드나 신용카드를 건넬 것이다. 돈을 세어볼 필요도 없고, 수표처럼 신분증을 제시하지 않아도 된다. 그리고 거스름돈을 받을 필요도 없다. 영수증의 금액을 확인하고 사인만 하면 끝이다. 이 얼마나 편리하고 정확한가.

현금카드 또한 정말 환상적이다. 은행이 문을 닫기 전 주말에 쓸 돈을 찾으러 가던 때를 기억이나 하는가? 까마득한 옛날처럼 느껴진다. 은행 창구에서 돈을 찾는 방법을 아직 알고 있는가? 아, 그렇지, 전표를 쓰고 도장을 찍으면 되는군. 그런데 당연히 도장은 집에 두고 왔을 것이다. 은행 영업 시간이 언제까지더라? 이제 걱정할 필요 없다. 현금카드가 있으니까. 이 마법의 카드로 언제 어디서나 현금을 찾을 수 있다.

예전에는 여행을 가기 전에 돈을 찾아야 했다. 하지만 이제는 신용카드로 해외에서도 즉시 필요한 돈을 현금으로 찾을 수 있다. 코벤트가든의 술집에서 맥주를 마시고 싶다면, 단지 비밀 번호만 기억하고 있다가 돈이 샘물처럼 끝없이 쏟아져 나올 것만 같은 현금지급기를 찾으면 된다. 정말 편리하기 그지없다. 흐뭇하다.

주유소에 가면 신용카드나 할인카드로 지불하면 된다. 카드 회사에서 저마다 앞다투어 보너스 상품까지 얹어준다.

물건을 사기 위해 저축을 한 것이 언제였던가? 어린 시절에는 저금통에 동전을 모았다. 10대 시절에는 아마도 용돈의 일부를 남몰래 통장에 넣어두기도 했을 것이다. 요즘은 어떤가? 은행에서는 잔액 500달러 미만의 보통 예금은 거들떠보지도 않는다. 게다가 요즘 아이들이 동전을 가지고 무엇을 살 수 있겠는가?

이제 우리는 저금 통장 대신 비자카드나 마스터카드를 갖고 있다. 새로운 영화 타이틀이 보고 싶다면 인터넷이나 DVD 매장에 가서 카드를 내밀기만 하면 된다.

당신은 컴퓨터를 통해 은행 온라인 서비스에 접속하여 각종 계좌 이체와 조회를 할 수 있다. 또한 인터넷 쇼핑몰에 들어가서 신용카드로 상품을 구입할 수도 있다. 언젠가는 현금이 전혀 필요하지 않을지도 모른다. 상호 편의를 위해 친절한 채권자와 은행원들이 당신의 구좌에서 자동적으로 돈을 인출하는 시스템을 구축할 것이다. 그러면 우편함은 더 이상 지저분한 청구서들로 채워지지 않을 것이다.

그런데 이 모든 편리함 대신 당신은 분명 대가를 지불하고 있다. 개별적으로는 많지 않은 숫자지만 1년 동안 모두 합치면 상당한 액수가 될 것이다. 예를 들어, 당신의 거래 은행에서는 은행 영업 시간 외에 기계에서 현금을 인출하는 데 매번 수수료 0.35달러가 부과된다. 다른 은행의 기계에서 돈을 인출하면 매번 수수료 1달러가 빠진다. 1년 동안 지불한 이런저런 수수료 금액을 모두 합치면 아마도 가족과 함께 하루 저녁 근사한 외식을 할 수 있을 것이다.

신용카드로 할부 구매를 했을 때 그 이자 또한 결코 만만치 않다. 아마 당신도 이미 실감했을 것이다. 할부금에 대한 이자율은 연 15~20퍼센트에 달하며, 연체 이율은 30퍼센트에 가깝다.

편리함과 즉각적인 만족을 추구하는 것이 무엇보다 위험한 이유는 돈을 지출하는 행위에 무감각해진다는 것이다. 강력한 진통제와 마찬가지로 습관성이 될 뿐 아니라 계속해서 점점 더 많은 양을 필요로 하게 된다.

신용카드를 사용하면 당장 현금이 나가지 않는다는 것 때문에 낭비하기가 쉽다. 당신은 분명 슈퍼마켓에서 사는 물건 가격이 얼마인지도 잘 모를 것이다. 카드를 내미는 것도 그런 이유 때문이다. 돈 거래가 모두 비현실적이기에 충동 구매를 하게 된다.

맘에 드는 물건이 보인다. 카드만 내밀면 당신 것이 된다. 매일 우편함에 수북이 쌓이는 카탈로그에서 마음에 드는 물건을 고른다. 아니면 어느 날 밤에 잠이 안 와서 텔레비전을 보다가 쇼핑 채널에서 마음에 드는 물건을 발견한다. 그러면 당장 전화해서 당신의 신용카드 번호를 누른다. 교환원을 거칠 필요도 없다.

팩스나 이메일로 주문해도 된다. 일시불이 부담스러우면 할부로 구매하면 된다. 이자가 붙긴 하지만. 카드 한도액을 초과하는 물건을 사고 싶을 때도 걱정할 필요가 없다. 언제라도 카드 회사에 전화하면 즉시 한도액을 올려주니까.

카드는 어떤 면에서 마약 장사가 아이들에게 과자를 주고, 담배 회사가 거리에서 새 상품의 견본을 나누어 주면서 유혹하는 것과 다름없다. 그들은 당신을 덫에 걸리게 한다. 일단 그것을 손에 넣으면 버리기 어렵다. 카드를 사용하면서 당신은 주머니에서 돈이 술술 빠져나가는 것을 느끼지 못한다.

당신이 카드 때문에 빚더미에서 헤어나지 못하는 동안 어떤 사람들은 탄탄하게 가게를 꾸려나가고 있다.

'카드로 만든 집'에서 탈출하라

내 고객 켄 쇼엔펠드는 영화배우처럼 멋있게 생겼다. 자신도 그걸 알고 있다. 42세의 본토박이 뉴요커인 그는 창의적인 능력 덕분에 광고계에서 급성장했다. 대학을 졸업하고 회계 사원으로 출발해서 20년 이상 이 회사 저 회사로 옮길 때마다 매번 연봉이 올랐다. 내가 2년 전 처음 만났을 때 그는 한 중견 업체에서 30만 달러가 넘는 연봉을 받으며 기획실장으로 일하고 있었다.

켄의 아내인 38세의 매리도 한창 때는 남편만큼 수입이 많았다. 사진작가로 성공한 그녀는 10년 전에 일 관계로 켄을 만났다. 그들은 잘 어울리는 한 쌍이었다. 매리는 켄처럼 외향적이지는 않지만 남편에게 부족한 듯이 보이는 성실성과 진지한 분위기가 풍겼다. 반면에 켄은 적극적이고 정열적이어서 두 사람은 원만한 부부 관계를 유지했다.

매리는 처음에 패션 사진작가로 출발했으나 켄과 결혼해서 아기를 낳은 2년 후 자주 출장을 가지 않아도 되는 상품 광고 사진으로 방향을 돌렸다. 물론 그 일은 꽤 넓은 작업 공간을 필요로 했다. 다행히 켄과 매리 부부는 아이를 낳은 직후 시내에 넓고 가격도 적당한 건물 꼭대기 층을 구할 수 있었다.

공간이 충분했으므로 매리는 첫아이를 낳고 2년 후 다시 임신을 했을 때 작업실과 거실의 일부를 떼어 방을 하나 더 만들었다. 둘째 아이가 태어나자 이제 두 아이가 각각 방을 하나씩 차지하게 되었다.

두 아이를 돌보는 일은 생각보다 훨씬 힘들었다. 매리는 집에서 하루 종일 일을 해야 했으므로 분명 누군가의 도움이 절실히 필요했다. 2년이 넘게 그들은 아이들을 직접 보살피다가 마침내 직업 소개소에 연락해서 입주 보모를 들이기로 했다.

1주일 만에 시오반이라는 훌륭한 보모가 들어왔다. 켄과 매리는 두 아이에게 한 방을 쓰게 하고 시오반에게 방을 내주었다. 하지만 그건 임시 방편이었다. 그들에게는 더 넓은 공간이 필요했다. 그래서 나를 찾아왔다.

고객들이 새 집을 사기 위해 도움을 받으러 왔을 때 나는 먼저 그들의 희망 사항을 우선 순위에 따라 열거한다. 켄과 매리에게는 두 아이(아이를 더 이상 가질 계획은 없었다)에게 필요한 충분한 공간, 입주 보모의 방, 부부의 방, 그리고 매리의 작업실이 필요했다.

그리고 켄이 출퇴근하면서 시간을 너무 많이 빼앗기지 않을 수 있도록 가능하면 맨해튼에 가까우면서도 학군이 좋은 안전한 지역을 원했다.

그것은 까다로운 주문이었지만 불가능하지는 않았다. 두 사람의 수입을 합치면 최소 연간 40만 달러, 거기에 매리의 사업이 얼마나 잘되느냐에 따라 60만 달러까지 될 수 있었다. 그런데 나는 그들의 신용카드 사용액을 보고 깜짝 놀랐다.

켄과 매리 부부는 신용카드 연체액이 7만 5,000달러가 넘었다. 매달 최소한 2,000달러를 갚아야 했다. 나는 이미 고객들의 엄청난 신용카드 청구 금액에 익숙해 있었지만 이번에는 비교가 되지 않을 정도로 더 많았다.

나는 그 원인을 따져보았다. 깊이 따지고 들어갈 필요도 없이 켄이 충동적으로 옷을 산다는 사실을 알게 되었다. 그는 적어도 한 달에 한 벌 이상 유명 디자이너가 만든 양복을 사들였다. 그 양복에 곁들여서 맞춤 셔츠, 실크 넥타이, 새 구두, 그리고 스웨터나 조끼까지 샀다. 그는 그것에 대해 아무런 자책을 느끼지 않았고, 옷장을 채우는 것을 일하는 대가로 여기고 있었다.

"광고업계에서 성공하려면 이미 성공한 것처럼 보여야 합니다. 그건 단지 포장하는 값이죠."

켄은 웃으면서 설명했다. 켄보다는 훨씬 확신 없는 말투였지만 매리도 남편의 고객들과 어울릴 때 그의 팔에 매달려서 '어울리게' 보이기 위해 비슷하게 '포장'을 해야만 했다고 말했다. 물론 다른 여자들 역시 잘 포장되어 있었을 것이다.

옷뿐만이 아니었다. 켄과 매리는 아이들이 생기기 전 거의 매일 저녁 외식을 했다. 그리고 가족이 늘어난 후에도 집에서 요리를 하지 않았다. 그들은 단지 음식을 시켜 먹는 것으로 방법을 바꾸었다. 그것도 피자나 치킨이 아니라 예전에 외식을 했던 요릿집이나 레스토랑의 음식을 포장해서 집으로 가져왔다.

그들은 신용카드를 그으면서 화려하게 휴가를 보내고 가구도 바꾸었다. 그들은 원하는 모든 것을 사들였다. 수입이 많아지고 식구가 불어날수록 씀씀이도 커졌다. 1년에 50만 달러 가량의 수입에도 불구하고 그들은 은행에 잔고가 한푼도 없었다. 그들은 지금까지 '카드로 만든 집'에서 살고 있었던 것이다.

나는 그들에게 이런 상황에서 새 집을 사는 것이 얼마나 큰 부담과 긴장을 주게 될지를 설명했지만, 지금까지의 생활 방식에 젖어 있는 켄은 무엇이 잘못되었는지를 깨닫지 못했다.

"제 수입은 매년 올랐습니다. 내년이라고 안 오르겠습니까?"

그것은 대답을 듣자고 묻는 말이 아니었다.

"우리는 카드 대금을 지불하고도 넉넉하게 살고 있어요."

분명 켄은 신용카드에 지나치게 의존한 나머지 전체적인 상황을 보지 못하고 있었다. 하지만 매리는 완전히 까막눈은 아니었다. 그녀의 몸짓과 표정에서 신용카드 구매로 인해 정서적인 불안을 느끼고 있다는 것을 분명히 알 수 있었다. 다만 자신의 느낌을 확인하고 남편과 대적하기 위해서는 누군가의 도움이 필요할 뿐이었다.

매리의 수입은 유동적이었고, 광고업의 생리를 알고 있는 그녀는 남편의 수입이 재빨리 치솟는 만큼 재빨리 말라버릴 수도 있다고 생각했다.

매리가 불쑥 말했다.

"당신은 지나치게 현재의 삶에 안주하고 있어요. 당신은 미래를 생각하지 않아요. 우리 둘뿐이라면 그래도 괜찮지만, 아이들은 어떻게 해요? 우린 은행에 잔고가 한푼도 없다구요."

나는 재무 상담이 결혼 상담으로 변질되기 전에 그 싸움에 끼여들었다.

"켄 씨가 잘하셨다는 건 아니지만, 전적으로 그의 잘못만은 아닙니다."

버는 것보다 쓰는 것이 더 많다

우리는 저축보다는 낭비하고 빚지는 국민이 되었다. 최근 조사에 의하면 미국인의 20퍼센트가 소비재를 제외하면 값나가는 재산이 없다고 한다.

만일 부동산을 제외한다면 그 숫자는 55퍼센트까지 올라갈 것이다. 기본적으로 대부분의 미국인들은 자신이 살고 있는 집과 그 안에 채운 물건들 외에는 아무것도 가진 것이 없다.

물론, 켄 쇼엔펠드를 포함해서 우리 모두는 자유 의지를 갖고 있다. 우리는 누군가의 강요에 의해 낭비를 하고 소비하는 것이 아니다. 하지만 50년 이상 장사꾼들뿐만이 아니라 나라의 지도자들까지도 우리에게 저축보다는 소비를 부추겨왔다.

1930년대 이전에는 아담 스미스의 자본주의 경제 이론이 지배적이었다. 간단히 설명하자면(누구나 경제 이론을 이해할 수 있는 유일한 방법으로), 스미스는 부강한 나라를 만드는 것이 저축이라고 주장했다. 그는 저축이 인간의 본성에 근거한다고 믿었다. 그러나 스미스의 '절약 철학'은 대공황에 의해 흔들리게 되었다.

나라를 다시 움직이게 만들기에 절박해진 루스벨트 대통령과 뉴딜 정책의 수행자들은 존 메이너드 케인즈의 이론을 채택했다. 케인즈는 나라를 부국으로 이끌어가는 것은 절약(저축)이 아니라 소비(낭비)라고 믿었다.

그것은 나라를 바로 세우기 위해 어떠한 방법도 불사했던 뉴딜 정책과 잘 맞아떨어졌다. 정부는 저축보다 소비를 장려하기 시작했다.

대공황에 대한 미국의 대응책은 민주주의의 골격 안에서 경제 이론을 바꾸는 것이었던 반면에 독일, 이탈리아, 일본은 파시즘으로의 전향을 택했다. 2차 세계 대전이 역사에 남긴 많은 기념비적인 영향 중에서 무엇보다 중요한 것은 미국 정부로 하여금 돈을 쓰게 하는 계기가 되었다는 것이다.

미국 경제는 2차 세계 대전 이후 경제 호황을 누렸다. 저축이 줄

었음에도 불구하고 경기는 과거 어느 때보다 성장하고 있었다. 케인즈는 아담 스미스의 자리를 대신 차지했다.

저축은 더 이상 인간의 본성이 아니었다. 대신 프랑코 모디리아니에가 제창한 새로운 '인생 주기 이론'이 채택되었다. 그것은 여유 돈이 있거나 돈을 모아야 하는 특별한 이유가 있을 때 저축을 한다는 이론이었다.

다른 말로 하자면, 이미 집과 자동차와 식기세척기는 샀고, 아이들을 대학에 보내고, 유럽 여행을 다녀온다. 그러고 나서 중년이 되면 은퇴를 위해 저축을 시작할 것이다. 그때까지 그저 쓰고 빌리고 좀더 쓰는 것이다.

사람들에게 이 새로운 이론을 따르도록 하는 것은 그다지 어렵지 않았다. 소비주의는 흥겨울뿐 아니라 애국적이기도 했다. 광고는 산업이 되었다. 과시적 소비, 계획적 노후화(계획적으로 구식이 되게 만드는 것)와 같은 말들이 신조어로 등장했다. 우리는 국가와 개인의 자아상을 우리의 사치 수준에 연결하면서 돈을 빌려서 물건을 사는 끝없는 순환 속에 빠져들었다.

처음에 가족의 생활 수준을 대표한 것은 TV였으며 그 다음은 자동차였다. 그리고는 별의별 새로운 기구들이 등장했다. 컬러 TV에 이어 전축, 비디오, 자동 응답 전화기, 컴퓨터, 휴대폰 등. 이런 소비 열풍은 버는 것보다 많이 쓰는 것이 국가 정책과 개인의 생활 방식에 잘 들어맞았던 1980년대에 극에 달했다.

놀라울 정도로 영향력을 발휘한 광고는 상업적으로나 정치적으로 소비의 기쁨을 부추겼다. 누구나 쉽게 신용카드를 가질 수 있었다. 사람들은 방종과 순간적인 욕구 충족에 사로잡혔고, 그것이 당연한 것처럼 보였다.

부동산은 하늘 높은 줄 모르고 치솟았다. 가능한 한 많이 대출을 받아서 빨리 집을 살수록 유리했다. 우선 주택이나 아파트를 사서 3년 간 보유한다. 그러고 나서 차익을 남기고 팔아서 좀더 비싼 다른 집을 산다. 아이들이 분가할 때까지 그 집에서 살다가 스키장이 내려다보이는 고급 별장을 산다.

물가가 자꾸 오르므로 신용카드 구매가 현명한 것 같았다. 연봉도 올랐다. 뭐 하러 현금으로 갈 여유가 있을 때까지 유럽 여행을 기다려야 하는가? 그때쯤이면 너무 늦어서 돌아다닐 수도 없을 텐데. 신용카드가 있지 않은가? 강판이 아니라 분쇄기를 사용하고 싶다면, 카드로 계산을 하더라도 당장 가전 제품을 사는 것이 당연하다.

그리고 좀더 정교하고 세련된 새 제품(또는 자동차나 가구나 옷 등)이 등장하면 이전에 산 물건에 대한 대금 지불이 끝나지 않았더라도 신용카드로 다시 살 수 있다.

그런데 문제는 우리가 버는 돈보다 더 많이 쓰면서 살았다는 것이다. 개인이나 국가나 모두 마찬가지였다. 그러다가 우리도 모르는 사이에 어느 날 새로운 경제세계에 발을 들여놓게 된 것이다.

갑자기 우리는 부동산이 치솟는 것이 아니라 바닥에서 맴돌고, 화폐 가치는 낮은데다, 수입은 늘어나는 것이 아니라 오히려 줄어들거나 아예 없어져버리는 세상에서 살고 있다. 이런 세상에서는 저축에 대한 '인생 주기 이론'이 더 이상 통하지 않는다.

예전 같으면 은퇴를 위해 저축할 나이에 당신은 지금 아이들을 대학에 보내고 있다. 예전 같으면 한창 돈을 벌고 안정된 생활을 할 나이에 당신은 지금 가장 불확실한 처지에 놓여 있다. 또한 예전에 그랬던 것처럼 아무때나 집을 팔 수도 없다. 예전에는 팔려고 내놓은 집은 얼마 없는 데 반해 집을 사려는 베이비붐 세대는 많았다. 그러나 지금은 베이비붐 세대들이 팔려고 내놓은 집은 많지만 사려는 젊은 세대는 많지 않다.

그러면 해결책은 무엇인가? 간단하다. 현금으로 지불하라.

소비를 힘들고 불편한 것으로 만들어라

당신의 소비 생활에서 신용 카드 사용의 편리함을 떨쳐버려야 한다. 가능하면 소비를 어렵고 불편한 것으로 만들어라. 이제부터는 분수에 맞게 살겠다고 굳게 결심하라. 만일 지갑이나 통장에 현금이 없으면 물건을 사지 마라.

집이건, 자동차건, 양복이건, 저축하면서 기다렸다가, 갖고 싶어서가 아니라 꼭 필요할 때에만 사라. 돈을 세어서 건네주는 행위는 소비 생활을 바꾸는 데 큰 도움이 된다.

만일 당신이 은행에 찾아가서 20달러를 찾는다면, 그 돈으로 영화를 보기 위해 곧장 극장으로 달려가지는 않을 것이다. 기다렸다가 DVD를 빌려볼지도 모른다.

그리고 새 주방 기구를 사기 위해 은행에서 200달러를 찾아야 한다면, 쓰던 것을 닦고 고쳐서 다시 쓰는 것도 그리 나쁘게 생각되지 않을 것이다. 그리고 해외 여행을 갈 때 6,000달러의 여행 경비를 현금으로 가지고 가야 한다면 아마 1주일간 국내 여행이 더 가고 싶어질 것이다.

또한 무슨 물건을 살 때에는 돈을 빌려서 사거나 저축을 하면서 기다렸다가 사거나 간에, 그만한 값어치를 할 만큼 오래 사용할 수 있는 것이라야 한다. '최신형'이나 '최첨단'이라든지 '인기 상품'이라는 말은 우리 입에서, 더구나 자녀들의 입에서 나오지 않게 해야 한다.

그 대신 '고전적인', '유행을 타지 않는' 또는 '전통적인' 등의 단어로 바꾸자. 그러면 더 이상 유행이 지났다고 물건을 바꾸지 않아도 된다.

시대에 뒤떨어진 삶을 살고 있다고 다른 사람들이 손가락질할까 봐 걱정인가? 다른 사람들이 어떻게 생각하건 신경 쓸 필요는 없다.

현금으로 지불하는 것, 그것이 바로 시대를 앞질러 가는 일이다. 21세기에서는 절약이 유행이 될 테니까. 이제 과시적 소비는 사라질 것이다.

자세히 들여다보면, 이미 그러한 추세가 시작된 것을 볼 수 있다. 시내 주변에 점차 중고품 가게들이 생겨나고 있다. 미국에서는 정원 가꾸기가 제일 흔한 취미가 되어서, 갑자기 너도나도 퇴비를 만들고 있다.

이제 사람들은 모두 현금으로 지불할 것이다. 왜냐구? 앞으로는 그러한 지혜를 배우지 않으면 파산할 수밖에 없기 때문이다.

합리적인 저축과 소비를 위한 지침

사용하지 않는 카드는 모조리 폐기하라

지갑에서 신용카드―백화점 카드와 주유할인카드까지―를 꺼내서 모두 폐기하라. 그것들을 가지고 다닐 이유가 전혀 없다. 고작해야 가격에 상관없이 필요하지도 않고 분수에도 맞지 않는 물건을 사게 될 뿐이니까.

아니면 가장 대출 이자가 낮고 연회비가 싼 카드를 하나만 남겨서 서랍에 보관하라. 그 카드는 비상시에만 사용하라. 그리고 다른 카드는 모두 폐기하라.

은행의 충성 고객이 돼라

현금카드를 지갑에서 꺼내 비상용 신용카드와 함께 서랍 속에 보관하라. 그리고 1주일에 한 번 은행에 가서 전표를 작성하고 도장을 찍어서 필요한 만큼만 현금을 찾아라. 1주일 후에는 아마 민지 못할 정도로 돈이 남아 있을 것이다.

급하게 돈이 필요해지면 어떻게 하냐구? 비상금은 필요하지 않다. 정 급하면, 비상용 신용카드를 사용하면 된다.

갑자기 외식을 하고 싶거나, 라디오에서 들은 신곡 CD를 사고 싶은데 현금이 부족하다구? 그러면 그 돈은 아껴두자.

일요일 밤에 영화 구경을 하기로 했는데 그때까지 돈이 다 떨어질까 봐 걱정이라구? 계획을 세워라. 당신 지갑 안에 돈이 있다고 해도 그 돈은 이미 정해진 목적을 위한 것이지 갑작스러운 변덕을 위한 것이 아니라는 사실을 기억하자. 중간에 충동 구매의 유혹에 넘어가 버리면 영화 관람은 포기할 수밖에 없다.

돈의 흐름을 파악하라

예금 통장을 꺼내 정리를 해보라. 자, 돈을 어디에 썼는지 가만히 생각해 보자. 아무리 기억력이 좋다고 해도 반 이상을 기억하지 못할 것이다.

내 고객들을 대상으로 조사해 본 결과, 대부분이 돈을 찾아서 어디에 썼는지 기억하지 못했다. 불필요한 소비를 줄이는 최선의 방법, 사실상 유일한 방법은 돈이 어디로 흘러가는지를 정확히 아는 것이다.

돈을 쓸 때마다 수첩에 기록하라. 그리고 1주일 후에 지출 내역을 분류해 보라. 그리고 월말에도 다시 해보라. 2개월 후면 당신은 돈의 행방을 어느 정도 자세히 추적할 수 있고, 아울러 돈을 절약할 수 있는 여러 가지 방법도 머리에 떠오를 것이다.

예를 들어서 밖에서 마시는 커피 한 잔 값이라도 줄일 경우 1년 동안 그 돈을 합치면 상당한 액수가 될 것이다. 더욱 중요한 것은 당신이 돈을 어떻게 쓰고 있는지에 대해 생각하는 습관을 갖게 된다는 사실이다.

두 번째 살 집을 처음에 사라

부동산을 소유하는 것은 21세기에도 여전히 바람직한 일이다. 그러나 그 이유는 과거와 달라질 것이다. 앞으로는 부동산 가격이 터무니 없이 올라가지는 않을 것이다. 부동산 열기는 주택은 제한되어 있는데 유례 없이 인구가 많은 베이비붐 세대로 인해 만들어진 상황이었다.

그러나 부동산 소유는 앞으로도 안전한 세금 도피처가 되어줄 것이다. 또한 부동산은 십중팔구 물가 상승에 비례해서 약간씩은 가격이 오를 것이다. 즉 나중에 소득원으로 이용할 수 있는 일종의 저금과 같다. 무엇보다 중요한 것은, 앞으로도 주택이 매우 귀한 상품으로 남아 있게 될 것이므로 주택 소유가 정서적, 심리적인 안정감을 제공해 준다는 사실이다.

부동산은 더 이상 투자가 아니므로 신혼집을 샀다가 가족이 늘어나면 그 집을 팔아서 다른 집을 사고, 다시 그 집을 팔아서 은퇴해서 살게 될 집을 장만하는, 소위 연속식 주택 소유는 이제 더 이상 생각할 수 없다. 새로운 경제 시대에는 좀더 기다렸다가 예전 같으면 두 번째 살 집을 처음에 사야 한다.

그리고 그 집에서 평생을 살 수 있어야 한다. 그러므로 가족이 늘어나도, 노부모를 모셔도, 자택 근무를 하게 되는 경우에도 문제가 없도록 넓은 집을 사는 것이 바람직하다. 또한 젊은 부부와 집을 지키는 부모 모두에게 편리한 지역에 위치해 있어야 한다.

이런 조건에 맞는 집을 구입하는 것은 아주 어려울 것이다. 그래도 그렇게 해야 한다. 운동화나 자동차를 사는 것과는 다르다. 주택 구입은 앞으로 남은 인생에서 가장 큰 거래가 될 것이다. 집은 단지 건물이 아니라 '가정'임을 명심하자.

'묻지마 식' 충동 구매를 피하라

유명한 영국의 등산가 조지 리 말로이에게 왜 에베레스트에 올라가느냐고 묻자 이렇게 대답했다.

"산이 거기 있기 때문이죠."

당신도 나의 고객들과 마찬가지라면, 왜 물건을 사느냐고 묻는 질문에 아마 그와 같은 대답을 할 것이다. 정말 필요해서 사는가? 아니면 단지 '거기 있기' 때문에 사는가? 새로운 경제 시대에 살아남으려면 그런 식의 '묻지마 식' 충동 구매는 당장 그만두어야 한다. 이제 단순히 갖고 싶다는 것은 그것을 사야만 하는 절대적인 이유가 될 수 없다.

나는 참회와 극기를 강요하는 금욕주의자는 아니다. 단지 우리의 소비 생활에 대해 좀더 신중하게 생각해 보자고 제안할 뿐이다.

나는 '필요'라는 단어를 단순한 생존의 의미보다 좀더 광범위하게 정의해 보고자 한다. 한 예를 들어보자.

　어느 누구에게도 생존을 위해 잡지가 '필요'하지는 않다. 그러나 잡지는 정보와 즐거움을 준다. 잡지를 사는 것은 좋지만, 단 당신이 가진 다른 잡지들을 모두 읽은 후에 사도록 하라. 다시 말하면, 새로운 잡지가 '필요'할 때 사라는 것이다. 1주일마다 나오는 잡지를 모두 구독할 필요는 없다. 처음 발간된 창간호라고 해서 살 필요는 없다. 욕실 바닥에 쌓인 잡지들을 모두 읽은 후에, 그리고 읽을거리가 새로 '필요'할 때 비로소 다른 잡지를 사도록 하자.

신상품을 무시하라

　최신 장치나 제품을 소유해야 한다고 생각하는 사람들은 21세기를 살면서 난처한 입장에 처하게 될 것이다. 요즘 시장에는 신상품이 거의 매일 쏟아져 나오고 있으며 심한 경우 한 달도 되기 전에 벌써 구식이 되어버린다.

　무엇보다 컴퓨터 산업을 보면 실감할 수 있을 것이다. 신세계의 규칙을 기억하고 정말 필요하지 않으면 새것을 사지 마라. 전자 수첩이 갑자기 시장에 등장하기 전까지 사람들은 그것을 필요로 하지 않았다.

　누구도 연필과 종이가 불편하다고 투덜거리지 않았다. 전자 수첩을 만든 사람들을 제외하고는 그것이 시장에 나오게 해달라고 기도하지도 않았다.

만일 정말 새로운 무언가가 '필요'하다 해도 적어도 공장에서 제품이 몇 차례 출고될 때까지 기다려라. 그때쯤이면 결점이 대부분 보완되고 가격은 하한가로 떨어질 것이다. 어쩌면 새로운 인기 상품으로 대체될지도 모른다. 불합리한 소비 생활은 21세기에 먹혀 들지 않는다.

무조건 바꾸기 전에 우선 고쳐서 사용하라

나는 집에 있는 구형 컴퓨터로 서류를 정리하고 이메일을 주고받는 데 사용한다. 자랑할 정도는 아니지만 업그레이드를 해서 그런대로 목적에 맞게 사용해 왔는데, 몇 달 전 컴퓨터가 말을 듣지 않았다. 수리하기 위해 근처 컴퓨터 가게에 가져갔더니 점원들이 한심한 눈으로 나를 쳐다보았다.

"우리가 가게문을 열어둘 때 받쳐놓는 구형 컴퓨터군요."

판매사원이 농담을 했다.

"수리하고 청소하는 데 200달러 가량 들 겁니다. 새 컴퓨터를 구입할 생각은 없으십니까?"

"물론 사고 싶죠. 200달러에 판다면 말입니다."

물론 그들은 새 컴퓨터를 200달러에 팔지 않았다. 내가 하고 싶은 말이 그것이다. 만일 내 낡은 컴퓨터를 수리하는 가격으로 최신형 제품을 살 수 있다면 그렇게 하는 것이 당연하다. 그러나 바꾸는 것보다 수리하는 가격이 더 싸고 아직도 충분히 쓸 만한데 왜 새것을 사겠는가?

소매상, 유통업자, 제조업자로서는 모두 낡은 것을 수리하는 것보다 새것을 팔면 훨씬 많은 이익이 남는다(그래서 많은 경우 수리를 해주지 않거나 부속품을 교체해 주지 않는다). 그러나 소비자 입장에서는 대부분 새 제품을 사는 것보다 수리하는 편이 유리하다. 그 사실을 기억하고 새로운 경제세계에서 현명한 선택을 해야 한다.

먼저 자신에게 투자하라

내 고객들 대부분은 돈을 지불할 때가 되면 자신을 가장 나중에 생각한다. 그들은 매달 신용카드 청구서, 대출금, 전화 요금, 공과금, 케이블 TV 시청료 등을 지불한다. 그러고 나서 남는 돈이 있으면 저축해야겠다고 마음먹는다. 물론 남는 돈은 한푼도 없다.

새로운 경제세계에서는 그 순서를 바꿔야 한다. 돈을 투자해야 하는 첫 번째 대상은 그 누구도 아닌 바로 당신 자신이다. 예를 들어, 세금 공제 연금 제도에 가능한 한 많이 투자하자. 당신의 최대 여유 한도를 계산해서 우선 그만큼을 저축하도록 하자.

작은 것을 소중하게 생각하라

현금으로 지불하면 다소의 불편함은 감수해야 한다. 하지만 대신 실질적인 경제적 혜택이 돌아온다. 새로운 경제세계를 여행하는 항해에서 적자의 늪에 빠져 허우적거리지 않을 수 있는 것이다. 또한 정서적인 혜택도 있다. 당신이 구입하는 물건의 의미와 가치가 더해진다.

당신은 자녀들에게 공짜로 얻는 것보다 자기 힘으로 노력해서 차지할 수 있는 것에 감사해야 한다는 말을 해본 적이 있는가? 승리가 그래도 달콤한 이유는 그것을 얻기까지의 노력 때문이라는 말을 들어본 적이 있는가?

무언가를 얻기 위해 열심히 일할 때, 당신은 단지 무언가를 사기 위해서가 아니라 일종의 투자를 하고 있는 것이다. 그 일에 요구되는 시간과 땀과 희생은 자신이 추구하는 대상의 가치를 더해준다. 그래서 마침내 그것을 얻었을 때 아무 노력 없이 손에 들어온 것보다는 훨씬 가치 있게 느껴진다.

땀 흘려 번 것은 진정한 당신의 것으로, 아무도 그것을 빼앗을 수 없다. 당신은 자신의 소유물을 아무렇게나 방치하고 험하게 사용하는 것이 아니라 소중히 아끼고 간직할 마음이 생길 것이다.

당신이 지금 당장 그렇게 되리라고는 기대하지 않는다. 당신의 자녀들이 노동의 보람을 배워야 하는 것처럼, 당신도 처음부터 다시 배워야 한다. 절약은 과시적 소비보다 훨씬 큰 정신적 보상이 되돌아온다는 사실을 잊지 말자. 우리 생활 속에서 우선 작은 것들을 좀더 소중히 여기면, 그것이 더 큰 일들을 가져다 줄 것이다. 그리고 자신이 소유한 물건들의 가치를 깨닫기 시작할 때 다른 사람들이 지닌 가치까지도 인정하고 존중하게 된다.

카드 없이 살아보기

나는 켄에게 인정 사정 없이 이야기했다. 유명 디자이너의 넥타이를 매고 음식점에서 음식을 배달해 먹으면서 가족의 경제적인 안정뿐 아니라 딸들의 장래까지도 위협하고 있으며, 결혼 생활을 위기에 빠뜨리고 있다고 켄을 나무랐다. 그 말이 먹혀 들어가는 듯했으므로 나는 계속해서 그들 부부에게 가능한 소비를 불편하고 고통스럽게 만들라고 설득했다.

나는 그들이 하루아침에 도시락을 싸들고 직장에 가리라고는 기대하지 않았다. 그러나 그들이 현금으로 지불하기 시작하고 난후 8개월 만에 눈에 띄는 변화가 나타났다. 그들은 갑자기 절약의 귀감이 되지는 않았지만, 사치스러운 구매 습관을 버렸다. 결혼 생활 이후 처음으로 그들은 마침내 자신들이 버는 수입 한도 내에서 생활하게 되었다. 그들은 더 이상 빚을 지지 않았고, 아파트를 팔아서 신용카드 대출금을 갚기로 계획하고 있다. 그렇게 빚에서 자유로워지면 다음에는 정말 좋은 일이 생길 것이다. 남은 여생을 행복하게 보낼 만한 집을 구하는 일이다.

마찬가지로 중요한 것은 그들의 삶에 대한 태도가 변했다는 사실이다. 그들은 더 이상 순간에만 살지 않는다. 그들은 현재뿐 아니라 미래를 생각하게 되었다. 매리는 마음이 편안해졌고, 켄은 자신이 성공했다는 것을 세상에 보여주기 위해 3개월마다 값비싼 새 양복을 살 필요가 없다는 것을 깨달았다.

DIE BROKE 04
은퇴하지 말라

나는 사람들이 얼마나 은퇴에 연연하는지를 보면서 새삼 놀란다. 처음 나를 만나러 오는 고객들 대부분은 제일 먼저 은퇴 계획에 대해 이야기를 꺼낸다. 그들은 전혀 저축을 하지 못하고 있다고 불안해하거나, 저축을 많이 하지 못할까 염려하거나, 아니면 안전한 곳에 저축을 하고 있는 건지 걱정한다.

이러한 집착에는 두 가지 모순이 있다. 첫째, 아무리 집착을 한다고 해도 그들 대부분은 자신들의 부모와 같은 방식으로 은퇴할 수 없다. 둘째, 은퇴를 원하는 것 자체가 어리석은 일이다.

은퇴는 사람들의 보편적 인식에도 불구하고(사람들은 은퇴를 꿈의 일부로 생각한다) 비교적 새로운 개념이다. 불과 한 세대에 걸쳐서 적용된 개념일 뿐이며, 그것도 우연한 인구 밀도 때문이었다. 이제 은퇴는 자연스러운 인생 주기와는 거리가 먼 일종의 사회 정책일 뿐이며, 게다가 오늘날에는 걸맞지도 않은 제도로, 개인들에게 축복이기는커녕 불행과 병약함만 가져다 준다.

은퇴에 대한 생각을 버리는 것은 희생이 아니라 오히려 개인적, 직업적, 경제적 성장을 위해 놀라운 행운을 가져다 주는 열쇠다.

은퇴는 꿈이 아니다

모든 과대 선전과 장사꾼들이 하는 말은 잊어버려라. 은퇴는 결코 황금 시절을 보장해 주지 않는다. 당신이 원하는 곳에서 당신이 원하는 것을 할 수 있는 그런 때가 아니다. 은퇴는 꿈이 아니라 악몽이다.

퇴직자의 40퍼센트는 은퇴 생활에 적응하기가 힘들다고 말한다. 그 숫자가 대수롭지 않게 느껴진다면, 결혼 생활에 적응하기 힘들었다고 말하는 신혼 부부는 12퍼센트며, 첫 아이가 생겼을 때 힘들었다고 말하는 부모는 23퍼센트에 불과하다는 사실을 생각해 보자. 그렇다면 은퇴가 인생에서 얼마나 힘든 변화인지 분명해질 것이다. 왜 그럴까?

나는 은퇴에 대한 우리의 믿음이 네 가지 거짓말에 근거하고 있기 때문이라고 생각한다. 과거에는 그럴듯하게 들렸던 이 네 가지 거짓말이 오늘날에는 전혀 근거가 없으며, 21세기에는 분명 더욱 그럴 것이다.

네 가지 거짓말은 첫째, 65세는 늙었다는 것, 둘째, 노는 것이 일하는 것보다 만족스럽다는 것, 셋째, 나이 든 사람들은 다음 세대에 자리를 내주어야 한다는 것, 넷째, 65세 이상의 사람들은 젊은 사람들보다 일을 못한다는 것이다.

이 네 가지가 새빨간 거짓말이라는 사실을 깨달으면 당신은 은퇴에 기꺼이 작별을 고할 것이다.

인생 2막을 시작하라

앞서도 말했듯이, 루스벨트 대통령이 65세를 정년으로 정했을 때 미국인의 평균 수명은 63세였다. 그러나 오늘날 미국인들의 평균 수명은 75세다. 2040년이 되면 81세가 될 것이다. 정년이 처음 정해졌을 때는 대부분의 사람들이 그 나이까지 살지 못했다. 그러나 요즘은 은퇴하고 나서도 평균 10년을 더 산다.

베이비붐 세대가 65세에 은퇴할 경우에는 20년을 더 살게 될 것이다. 또한 식품과 의약품의 발달로 65세 이후에도 이전 세대의 노인들보다 훨씬 건강하게 살 수 있다. 노쇠해지기는커녕 남은 여생을 활동적으로 보낼 수 있을 것이다. 물론 20년 동안 흔들의자에 앉아서 지나간 영광을 되씹으며 지낼 수도 있다. 그러나 이제 65세는 노년의 시작이 아니라 중년의 시작이다.

일의 소중함을 깨달아라

이제 당신은 자신을 일과 동일시하지 않을 준비가 되어 있을 것이다. 그렇다고 해서 자신을 골프와 동일시하라는 의미는 아니다. 이런저런 형태의 일은 인간 생활에 없어서는 안 될 일부이며, 아침에 우리가 자리에서 일어나는 이유이기도 하다. 일하다가 갑자기 쉬게 되면 정신적으로나 육체적으로 시름시름 앓게 되는 경우가 많다. 심장마비와 우울증에 걸리는 사람도 많다.

요즘 퇴직자들의 25퍼센트는 일이 없으면 불행하다고 말한다. 그리고 퇴직자들의 대부분은 다시 일을 하고 싶어한다. 만일 지금 하고 있는 일이 만족스럽지 않다고 해도 은퇴가 유일한 선택은 아니다. 찾아보면 다른 일들이 있을 것이다.

다음 세대를 위해 자리를 내줄 필요는 없다

일자리를 차지하고 있는 것에 대해 죄책감을 느낄 필요는 없다. 나 때문에 한 젊은이가 추운 바깥에서 떨고 있는 것은 아닌지 걱정하지 않아도 된다.

만일 모든 사람이 은퇴를 한다면, 실제로 경기에 큰 타격을 줄 수 있다. 밖에 있는 다음 세대의 노동자들보다는 일자리가 더 많을 뿐 아니라, 베이비붐 세대가 모두 은퇴를 하면 국가 경제가 무너질 것이다.

정부로서는 노령자에게 주는 보조금 지출이 늘어날 뿐 아니라 생산적인 노동력을 잃게 되는 셈이다. 노동자들이 자신들보다 더 많은 실업자들을 부양해야 한다면 국민 생활 수준은 떨어질 것이 분명하다. 만일 여러분 모두 은퇴한다면, 바로 그렇게 될 것이다.

65세가 넘어도 젊은이처럼 일할 수 있다

벽돌을 나르고 짐을 들어올리는 일에는 강한 어깨가 필요하다. 하지만 직장에서 당신에게 짐을 나르라고 한 적이 언제였는가? 숫자를 다루는 일은 강한 어깨가 아니라 강한 정신을 필요로 한다. 우리는 산업 시대가 아니라 정보 시대에 살고 있다.

대부분의 조사에 의하면, 70대 중반까지는 나이가 정신력에 영향을 미치지 않는다고 한다. 그 이후에도 단기 기억력이 감퇴될 뿐 일상 생활에는 별로 지장이 없다. 그러니까 수첩과 일정표를 가지고 다니기만 하면 80세가 넘어도 젊은 사람보다 더 생산적으로 일할 수 있다.

나이가 들면 오히려 실수도 덜 하고, 결근도 하지 않으며, 딴 생각도 하지 않는다. 그리고 지혜롭고, 능률을 올리는 비결을 터득해서 어느 부분에서 노력하면 가장 큰 효과를 볼 수 있는지도 알고 있다.

만일 지금 은퇴가 별 의미가 없다면 내일도 마찬가지고, 새로운 경제 시대에는 더더욱 그럴 것이다. 영양 섭취와 운동이 주는 혜택을 인식하고 있는가? 그렇다면 당신은 평균 수명보다 더 오래 살 것이다.

당신은 마음속으로 사표를 썼으며, 직업을 단지 일로만 생각하는가? 그렇다면 일에 불합리한 기대를 걸지 않기 때문에 실망하는 일이 적을 것이다.

당신은 대학 졸업자인가? 그렇다면 다음 세대의 평균 노동자보다 교육 수준이 높기 때문에, 앞으로도 당신을 필요로 하는 일자리가 있을 것이다.

당신은 지식 산업에 종사하고 있는가? 그렇다면 나이를 먹으면서 능력이 저하되기는커녕 오히려 향상될 것이다. 그런데 왜 은퇴하기를 원하는가?

모두 다른 대안이 없다고들 말한다. 그렇지 않다. 대안은 얼마든지 있다.

유연한 시각을 지녀라

은퇴하겠다는 사람들을 보면서 나는 한 무리의 들쥐들이 가파른 절벽을 오르다가 깊은 나락으로 떨어지는 상상을 하게 된다. 나는 당신이 본보기로 삼아야 할 대상을 무리 속에 끼어 망각을 향해 아무 생각 없이 따라가는 쥐 따위의 설치류에서 서구 문명의 발상을 그린 서사시의 영웅 율리시즈로 바꾸라고 제안한다.

우리의 인생을 누군가가 정해놓은 지점을 향해 기어오르다가 65세라는 나이가 되면 그대로 멈추어버리는 유한한 삶이 아니라, 언제 끝날지 모르는 모험의 연속으로 생각해야 한다.

율리시즈처럼 우리는 산을 오르고 계곡을 따라가면서 죽음이 앞을 가로막지 않는 한 여행을 계속한다. 여행을 끝내는 시간에 대해 다른 사람들이 하는 말에 신경 쓸 필요가 없다. 새로운 경제 시대의 여행에서는 혼자 항해하고 혼자 결정을 내려야 한다.

우리는 일과 경력에 대해 좀더 유연한 시각을 가질 필요가 있다. 전일 근무와 은퇴 중 한 가지를 선택해야 한다는 결정론을 버려야 한다.

이미 자유 근무 시간, 자택 근무, 작업 분담, 파트 타임 전문직, 프로젝트 근무 등으로의 변화 추세 속에서 보다 많은 선택 조건들이 생겨나고 있다. 그 모든 것이 당신을 포함한 여러분 세대가 제3의 천년을 향해 집단 이동하면서 나타나는 초기 현상들이다.

마찬가지로 근로소득에 대한 우리의 경직된 사고 방식을 바꿀 필요가 있다. 이제는 근로소득이 65세까지 계속 증가하다가 그 이후에는 완전히 멈추어버린다고는 단정할 수 없다.

앞으로는 근로소득에 대해서도 불로 소득과 같은 방식으로 접근할 필요가 있다. 즉 소득은 많아지다가 어느 순간 멈출 수도 있고 적어질 수도 있다. 모든 것은 시장 조건과 우리 자신의 선택에 달려 있다.

저축과 투자는 특정한 시간(은퇴하는 날)에 특정한 금액이 된다는 정해진 공식으로 생각하기보다는 언제 어떻게 될지 모르는 근로소득을 보완해 줄 수 있는 불로 소득원으로 이용할 수 있는지를 고려해야 한다.

일본의 정년제도

근로소득에 대한 새로운 접근 방식의 본보기로 일본을 살펴보자. 일본에서는 80년 전에 공식적인 정년을 55세(평균 수명이 43세였을 때)로 정했으나, 일본인들은 사실상 우리의 율리시즈적인 방식과 크게 다르지 않은 생활을 해왔다.

일본인들은 불합리한 55세 정년 제도를 그대로 지키면서 — 일본은 전통에 강한 애착을 가진 — 한편으로는 그 제도를 극복해 왔다. 대부분의 일본 노동자들은 55세가 지난 후에도 계속해서 오랫동안 일한다. 단 '임시직'이다.

노동 시간과는 관계없이 대부분의 경우 경력과 승진을 포기하고 그만큼 적은 수입을 받는 식이다. 만일 일을 그만둔다고 해도 언제라도 나중에 그 회사의 다른 자리로 돌아갈 수 있다. 다시 말하면, 정상에 오른 후 절벽에서 떨어지는 것이 아니라 천천히 산에서 내려올 수 있는 것이다.

새로운 인생의 자유를 찾아라

은퇴를 포기한 당신에게는 새로운 경제 시대에 스스로 자신의 길을 개척할 수 있는 기회가 주어져 있다. 당신은 새롭게 찾은 이 자유가 즐겁기도 하지만 한편으로는 인생의 사다리를 올라갈 고정

된 발판이 없어서 겁을 먹고 있을 것이다.

사다리에 발판이 없다고 해서 당신이 사용할 지침이 없는 것은 아니다. 여기 항해를 위한 위해 몇 가지 힌트가 있다(2부에서 다시 구체적으로 설명하겠다).

각자 자신의 길이 따로 있다

더 이상 미리 정해진 길은 없다. 당신은 이 과제에서 저 과제로, 이 고용주에서 저 고용주로, 취업에서 창업으로, 이 직종에서 저 직종으로, 그리고 이 일에서 저 일로 옮겨다니며 자신을 발견하는 항해를 하게 될 것이다.

유일한 도착 지점은 죽음뿐이다

당신이 가는 길이 정해져 있지 않은 것처럼 당신의 여행 시간도 마찬가지다. 당신이 걱정해야 하는 유일한 도착 지점은 죽음뿐이다. 그때까지는 노동 시장과 당신의 능력이 허락하는 한 일할 수 있다.

일의 영역을 넓혀라

당신이 더 이상 일을 자신과 동일시하지 않는 것처럼, 자신의 능력을 단지 지금까지 일했던 직종과 직책으로 제한할 필요는 없다. 많은 문제들을 해결하고 크고 작은, 단기 또는 장기의 다양한 과제들을 처리하면서 능력과 기술을 끊임없이 확장해 가야 한다.

돈을 불려라

65세에 편안하게 은퇴할 수 있으려면 얼마의 금액을 어떤 이자율에 투자해야 한다는 식의 도표와 공식 따위는 치워버려라. 숫자로 따진다고 될 일이 아니다. 당신은 경주를 하고 있는 것이 아니다. 아무도 당신을 측정하지 않는다. 대신 아주 단순한 목표를 향해 전진하라. 즉 부담이 되지 않는 범위 안에서 가능한 한 많이, 그리고 가능한 한 빨리 재산을 증식하는 것이다.

위험 부담을 점검하라

부담이 되지 않는 범위에 대해 다시 한 번 분명하게 생각해 보자. 예전에는 대부분의 사람들이 65세 은퇴를 기준으로 위험 부담과 이익을 분석해 왔다. 당신이 베이비붐 세대고 은퇴를 하지 않는다고 하면 주식 시장에서의 손실을 회복할 만한 충분한 시간—20년 정도—이 있다. 따라서 기존의 도표와 공식이 말하는 것보다 훨씬 오랫동안 주식 투자(예를 들어, 주식형 뮤추얼 펀드)를 우선할 수 있다는 의미다. 지나치게 빨리 모험에서 발을 뺄 필요는 없다.

비상금을 준비하라

계속해서 궤도를 이탈하지 않고 생활하기 위해서는 어느 정도의 뒷받침이 필요하다. 21세기에 안전한 금전 관리를 원한다면 언제라도 자신이 선택한 진로를 우회해야 하는 경우에 대비해서 6개월 정도 쓸 수 있을 만큼 충분한 현금을 확보해 놓아야 한다.

죽는 날이 아니라 수입이 없어지는 날을 대비하라

진로에서 심각하게 벗어나는 일이 생기는 경우에 대비해서 적절한 보험을 들어둘 필요가 있다. 가능하면 가장 유리한 건강보험에 가입하고, 사정이 허락하는 최대한의 불구소득보험에 가입하는 것이 좋다. 내 고객들은 대부분 생명보험은 필요 이상으로 많이 납부하면서 불구소득보험은 필요에 못 미치는 금액에 가입한다. 그럴 경우 오래 일하고 오래 살수록 불리하다.

연금을 이용하라

기회가 닿는 대로 퇴직자를 위한 세금 공제 저축과 투자 상품에 최대한 투자하라. 21세기에는 세금에서 도피할 수 있는 방법이 거의 남지 않을 것이므로 연금을 최대한 이용해야 한다.

자신만의 인생을 선택하라

은퇴 생각을 포기하면 실용적이면서도 심리적으로 여러 가지 혜택까지 얻을 수 있다. 거기에 정신적인 혜택까지 더해진다. 결승선을 지워버리면 인생은 더 이상 경주가 아니다. 우리는 모두 각자 자신의 길을 가고 있으므로 자기의 진로를 다른 사람과 비교할 필요는 없다. 그 누구도— 부모 형제도, 경제 잡지도—당신의 삶에 대해 이러쿵저러쿵 말할 수 없다.

임의의 기준에 의해 자신을 측정하면서 거기에 맞지 않는다고 자신을 부족하게 느낄 필요는 없다. 우리는 각자 자신만의 특별한 여행을 하고 있다. 그 여행이 언제 끝날지 아무도 모른다. 계속해서 노를 저어갈 뿐이다.

릭 대로우의 사연

내 고객들은 대부분 은퇴가 현실로 느껴지기보다는 막연하게 생각될 정도로 충분히 젊은 나이고, 종종 은퇴를 포기하는 것을 희생이 아닌 구원으로 여기는 사람들도 있다. 그러나 릭 대로우는 은퇴를 포기하기까지 무척 힘겨운 과정을 겪었다.

내가 처음 릭을 만났을 때 그는 60세 가량의 유명 컨설턴트였다. 나는 원고를 쓰기 위해 그를 인터뷰하다가 친한 사이가 되었다. 그는 동업 계약서의 초안 작성을 상의하기 위해 나를 찾아왔다.

릭은 5년 후에 은퇴할 계획을 가지고 있었다. 그래서 사업을 이어갈 수 있는 동업자를 구해 함께 일하다가 65세가 되면 그에게 자신의 자리를 물려주려고 생각했다. 그는 함께 일할 사람을 찾아서 합의에 도달했고, 이제 정식으로 계약을 하기 위해 내 도움을 받으러 왔던 것이다. 겉으로 보기에 릭은 자신의 계획에 만족하고 있는 것처럼 보였다.

나는 릭에게 적어도 앞으로 2년 동안은 그의 수입이 감소할 것이라고 지적했다. 두 사람이 수입을 나누어야 하므로 고객이 갑자기 많아지기 전에는 릭이 집에 가져가는 돈이 줄어들 것이다. 그것은 그에게 달갑지 않은 소식이었다.

릭은 헤프게 낭비를 하지는 않았으나 풍족하게 살고 싶어했다. 그는 맨해튼의 북서부에 침실이 두 개인 근사한 아파트를 소유하고 있었고, 적어도 1주일에 세 번은 외식을 했고, 로드아일랜드 해변에 아담한 별장을 갖고 있었으며, 매년 연극을 보러 런던으로 여행을 갔다.

그런데 함께 계약 내용을 자세히 점검하면서 릭은 평소와는 달리 자질구레한 점들까지 까다롭게 따지기 시작했다. 소유권을 이전한다는 생각을 하면서 갑자기 얼마나 자신의 일을 사랑하는지 깨닫게 된 것이 분명했다. 그는 빈손으로 사업을 일으켰고, 자신의 일과 고객들에 대해 진정한 사명감을 느끼고 있었다.

릭은 사람들을 도우면서 돈을 버는 일을 좋아했다. 그래도 은퇴하기를 더 바라지 않았느냐고 내가 묻자 그는 아무 대답도 하지 않았다. 그리고 은퇴하면 무엇을 할 계획이었냐고 물었더니 생각해 본 적이 없다고 대답했다. 그런데 왜 은퇴를 하려는 거냐고 묻자 그럼 다른 방법이 있느냐고 오히려 되물었다.

릭에게 처음 은퇴에 관한 내 생각을 이야기했을 때 그는 미친 사람 보듯이 나를 쳐다보았다. 온통 은퇴에 대한 생각에 빠져 있던 릭은 다른 대안에 대해서는 생각해 본 적이 없었다.

그후 2개월 동안 우리는 릭에게 열려 있는 모든 가능성에 대해 검토해 보았다. 나는 릭이 고객들의 문제를 다루는 것처럼 분석적으로 자신의 문제를 해결하도록 도와주었다. 그는 단순히 65세가 되었기 때문에 자신이 사랑하는 일을 중단해야 할 이유가 없다고 깨닫자 은퇴하겠다는 생각을 버렸다.

66세가 된 릭은 지금 자신이 원하는 한 오래도록 그 길에 머물러 있겠다는 작정으로 전보다 더 열심히 일하고 있다. 동업자를 구하겠다는 생각도 집어치웠다. 지금 그가 하는 업무는 자신과 고객들이 21세기에 무사히 살아가도록 돕는 일이다. 그는 자신의 고객들에게도 은퇴에 대한 생각을 버리고 대신 평생 동안 일할 계획을 세우도록 도와주고 있다.

고정 관념에서 벗어나기

여러 가지 고정 관념이 많이 있지만, 그중에서도 릭은 은퇴에 대한 강한 고정 관념에 젖어 있었다. 그것은 멋진 은퇴를 보장하는 상품과 서비스를 선전하는 금융업 종사자들도 마찬가지다.

은퇴의 개념을 인정하는 유권자들에게 계속해서 정부 보조금을 전달해 주는 정치가들과 로비스트들도 그렇다. 그리고 노동력을 줄여서 수익을 올리는 방법으로 은퇴를 이용하는 기업들도 마찬가지다. 그런 이익 단체들이 그냥 앉아서 당신을 포기하지는 않을 것이다. 그러므로 적어도 현시점에서 당신은 전통적인 지혜라는 것을 거부할 용기가 필요하다.

그것을 할 수 있는 사람은 바로 당신뿐이다. 당신은 성년이 되어 투표권을 얻었고, 평화를 지켜왔으며, 국민 투표에 의해 정권을 교체한 세대다. 은퇴라는 그릇된 고정 관념을 없앤다면, 그것은 궁극적으로 여러분 세대가 사회에 주는 가장 큰 공적이 될 것이다.

은퇴에 대한 고정 관념은 쉽게 병들고, 모순으로 가득 차고, 21세기에 어울리지 않는 사회를 조장해 왔다. 능력이 부족해서 일보다 복지를 요구하는 사람들은 비난하면서, 가장 값진 공헌을 할 수 있는 나이에 골프나 치면서 시간을 때우는 사람들에게는 갈채를 보내는 사회는 분명 뭔가 문제가 있다.

DIE BROKE 05

다 쓰고 죽어라

몇 년 전만 해도 누군가 나에게 크레이그 맥케이와 같은 고객이 나의 새로운 21세기 경제 철학에 결정적인 힌트를 제공해 준 것이 아니냐고 말했다면, 나는 무슨 엉뚱한 소리냐고 일축해 버렸을 것이다.

나는 비서인 킴에게 새로운 고객들을 상담할 때 순자산 명세서를 가져오게 하라고 지시한다. 또 그들이 어떤 식으로 생활하는지를 엿보기 위해 개인 소유물의 견적서와 입출금 목록도 함께 가져오게 한다.

그러면 킴은 고객들에게 그것이 그들의 재무 상태를 빠르고 명확하게 파악해서 상투적인 질문에 대답하느라고 시간을 허비하지 않을 수 있는 지름길이라고 설명한다.

일단 상담 시간을 정하면 킴은 나에게 고객에 대한 사전 정보를 알려준다. 그녀는 간단한 전화 통화만으로도 사람을 정확하게 판단한다.

크레이그와 상담 시간을 정한 후에 킴은 그가 부동산 매물에 관심이 있다고 보고했다. 크레이그가 어떤 사람일 것 같으냐고 물었더니, 킴은 잠시 생각하더니 이렇게 대답했다.

"자신만만하더군요."

그것은 조심스런 표현이었다.

사전에서 '여피(yuppie)'라는 단어를 찾으면 아마 크레이그의 사진이 나올 법했다. 34세인 그는 웹페이지를 디자인하는 멀티미디어 인터넷 디자인 회사의 대표다. 크레이그의 회사가 하는 일은 견실하지만 보수적인 사업체를 마치 최첨단을 걷는 것처럼 꾸며주는 것이다.

크레이그는 자기 마음에 들지 않는 고객은 상대하지 않았다. 그는 그런 사치를 부릴 만한 여유가 있었다. 단 한 건에 30만 달러 이상을 받는 그는 뉴욕 시내의 플래티언 구역에 위치한 회사 위층에서 검정색 정장들로 가득한 옷장과 노리갯감들에 둘러싸여 혼자 살고 있다.

크레이그는 집과 회사 근처에 있는 건물을 살 계획을 하고 나의 조언을 구했다. 그가 가지고 온 자료들을 내가 대강 훑어보는 데 걸린 2분 동안 크레이그는 휴대전화로 사무실에 전화를 걸고 호출기를 확인했다.

자료 가운데 순자산 명세서에 적힌 숫자 하나가 내 눈에 들어왔다. 자산 난에 '유산, 40만 달러'라고 적혀 있었다. 나는 크레이그를 올려다보며 손을 내밀어 애도를 표했다. 그러자 그가 말했다.

"아닙니다. 우리 부모님은 아직 돌아가시지 않았어요. 그건 그저 예상일 뿐이죠."

유산에 대한 집착

크레이그는 무감각하고 뻔뻔스럽기는 하지만 부모의 재산에 대한 그의 권리 의식이 유별난 것은 아니다.

지난 2~3년 동안 나는 반은 농담 삼아 유산에 대한 이야기를 꺼내면서 부모의 재산 덕을 볼 수 있는 방법을 진지하게 의논하려는 많은 고객들을 만났다. 그들과 몇 분만 이야기해 보면 부모를 돕는다는 핑계로 재산을 유지해서 결국은 자신이 쓰려는 속셈을 훤히 알 수 있다.

이 모든 것은 시간을 거슬러 올라가서 1993년 신문에 기사 거리가 되었던 이야기를 다시 생각나게 한다. 당시 코넬 대학의 경제학자였던 로버트 애브리와 마이클 렌달은 베이비붐 세대들이 받을 유산을 모두 합치면 역사상 가장 많은 액수인 10조 달러 가량이며,

이 엄청난 유산은 이전 세대의 어느 재산 상속보다 미국 사회에 가장 큰 영향을 미칠 것이라고 발표했다. 그 유산은 중산층에 돌아갈 예정이었다.

언론은 떠들썩했고, 금융업계도 눈을 번쩍 떴다. 앞에서 얘기한 은퇴에 대한 고정 관념이 다시 효력을 발휘했다. 중개 회사들은 신탁 자회사를 확대해서 기존의 상류층 고객들과 더불어 중산층을 끌어모으기 시작했다.

보험 회사는 상속세를 지급해 주는 부부사후보상보험과 미국 정부의 손아귀에서 재산을 지켜주는 역할까지 하는 장기치료보험을 선전하기 시작했다.

여기서 주목할 만한 점은 이러한 상품 대부분이 유산의 수여자가 아니라 미래의 상속자에게 판매된다는 사실이다. 또한 가계 재무설계사들은 스스로 '상속 상담원'으로 나서서 고객들로 하여금 부모의 경제 생활에 주도권을 행사하도록 부추겼다.

나는 무엇이 베이비붐 세대들을 여기까지 끌고 왔는지 알고 있다. 생계비와 학비는 오르는 데 반해 연봉은 그대로이고, 부동산 가격은 위축되는 상황에 짓눌려 사는 이들에게 기도에 대한 응답으로 보이는 것은 당연하다. 하지만 문제를 전체적으로 바라보면 비열하고, 수상쩍으며, 자기 파괴적이고, 고질적이다.

첫째, 당신은 부모의 돈에 대해 권리가 없다는 사실을 기억해야 한다. 부모 세대가 빚을 남기고 떠난다고 해서 부모가 당신에게 개인적인 빚을 지는 것은 아니다.

둘째, 당신이 실제로 상속을 받게 된다는 보장은 없다.

셋째, 설령 유산을 상속받는다고 해도 그것은 당신 자신에게는 물론 당신의 부모와 사회 그 어디에도 바람직하지 않다.

넷째, 가장 중요한 것은 상속 뒤에 숨어 있는 의미가 불건전한 과거의 유물이라는 사실이다. 유산 상속에 대한 집착을 버림으로써 돈에 대한 새롭고, 건전하고, 그리고 좀더 온전한 시각, 다시 말해 실용적이면서 정신적인 만족을 주는 경제 철학이 탄생한다.

상속은 권리가 아니다

상속은 사람들이 자녀들에게 물려줄 만한 소중한 무언가를 갖고 있던 시절에나 해당되는 일이다. 산업화 이전에는 유산의 대부분이 농장, 땅, 연장, 가업, 그릇, 또는 가구처럼 구체적인 형태가 있는 것들이었다. 세대간의 이러한 재산 상속은 단순한 선물이 아니라 일종의 계약이었다.

농부의 장남은 아버지가 늙어가면서 점점 더 많은 일을 맡아서 했고, 아버지가 세상을 떠나면 농장을 물려받아 어머니를 계속 부양했으며, 나중에 다시 자신의 맏아들에게 농장을 물려주었다. 딸은 그 집의 그릇이나 가구를, 차남은 연장이나 책을 소중하게 사용하다가 다시 다음 세대에게 물려주었다. 노력과 야망과 덕목에 의해 유산이 돌아왔던 것이다.

그러한 유형의 재산은 산업화 과정을 거치면서 유동적인 도시 사회로 변모하는 동안 거의 사라져버렸다. 이제는 더 이상 물려줄 물건이 없다. 어떤 유형의 재산을 갖고 있었다고 해도 이런저런 난국을 겪으면서 대부분 잃어버렸을 것이다. 상속은 더 이상 가족간의 계약의 일부가 아닌, 횡재를 꿈꾸는 망상에 불과하다. 상속은 이제 소설에나 나오는 이야기가 되었다.

텅 빈 꿀단지가 될 수도 있다

상속에 대한 여러 가지 과대 선전이 근거하고 있는 숫자들은 매우 불확실하다. 코넬 대학의 애브리와 렌달은 자신들이 제시한 숫자가 지닌 결함을 인정했다. 그럼에도 불구하고 기사 거리와 돈벌이에 혈안이 된 언론과 금융업계는 그런 경고를 무시해 버렸다.

무엇보다 분명한 것은 그들이 그 유산을 1989년에 계산하면서 수십 년 동안의 인플레이션을 감안하지 않았다는 점이다.

또한 자선 단체와 가족에 대한 증여 역시 염두에 두지 않았다. 최근의 어느 조사에 의하면 조부모가 등록금을 대주는 학생들이 늘어나고 있다고 한다.

신혼집을 장만하는 데 조부모의 도움을 받는 경우도 부쩍 많아졌다. 당신의 부모는 아마도 당신을 제켜놓고 당신의 아이들에게 돈을 건네줄지도 모른다.

코넬 대학의 경제학자들은 말년의 건강 관리에 필요한 의료 비용이 어느 정도 재산을 축낼 수 있는지에 대해서도 소개하지 않았다. 가족들은 죽어가는 사람의 고통과 괴로움을 덜기 위해서라면 무엇이든 한다.

그리고 어떤 대가를 치르더라도 생명을 살려야 한다고 배운 의사는 역시 임종을 연기할 수 있는 가능한 모든 조치를 취한다. 그 결과 요즘 '100만 달러짜리 죽음'이라고 부르는 막대한 지출이 불가피해졌다. 부부가 생의 마지막 날들을 요양원이나 집에서 간호를 받으며 보낼 때 드는 비용과 계속 연령이 높아지는 평균 수명에 비추어보면 유산에서 막대한 돈이 빠져나갈 가능성이 얼마든지 있다.

또한 그들은 미국 노인들의 소비 패턴의 변화도 고려하지 않았다. 1960년대에 30세 젊은이가 평균 1달러를 소비했다면 81세 노인의 평균 소비액은 0.65달러였다. 그러나 요즘 80대 노인들은 1대 1.16의 비율로 손자들의 소비를 능가하고 있다.

거기에는 의료비가 포함되어 있기는 하지만 어쨌든 미국 노인들의 소비는 모든 면에서 증가 추세다. "우리가 아이들의 유산을 낭비하고 있다"고 자동차에 붙이고 다니는 스티커가 여기에 딱 들어맞는 말이다.

이러한 상황들을 고려하면 왜 내가 유산을 기대하지 말라고 하는지 이해할 수 있을 것이다. 여러 가지 과대 선전에도 불구하고 유산은 예전이나 지금이나 환상으로 남아 있다. 유산을 물려받는 것보다는 복권에 당첨될 확률이 더 높을 것이다.

골칫덩어리를 끌어안지 말라

그렇다고 해서 슬퍼할 일은 아니다. 상속은 물론이고 상속에 대한 기대감조차 헛된 일이니까. 상속은 주는 사람과 받는 사람, 그리고 사회에 모두 해로울 뿐이다. 그러므로 부모에게서 재산을 물려받을 생각을 하지 않는 것처럼 자녀들에게도 재산을 물려주겠다는 생각을 하지 말아야 한다.

상속은 재산을 다른 사람들에게 전달하는 방법으로는 매우 비효율적이다. 상속세는 국세청에서 징수하는 세금 중에서 가장 세율이 높으며, 금액에 따라서는 그 비율이 55퍼센트에 달하기도 한다.

또한 유산 분배는 언제나 가정 불화를 일으키는 불씨가 되어왔다. 유형의 재산에 대해서는 전통적인 분배 방법(장남이 농장을 차지하는)이 있는 반면, 무형의 재산에 대해서는 그러한 일반론이 없다. 가장 흔한 방법은 필요에 근거해서 분배하거나 필요에 관계없이 똑같이 분배하는 것인데, 이 두 가지 방법 모두 가족간의 불화를 일으킬 소지가 있다.

유산 상속에 대한 기대는 가족 구성원들 사이의 관계에도 변화를 가져온다. 부모가 새로 주방을 꾸미거나, 여행을 가거나, 무언가에 돈을 쓰는 것은 곧 자식의 주머니에서 돈이 나가는 셈이 되는 것이다. 결국 그것은 부모나 자식 양쪽 모두에게 불행한 상황을 초래하게 된다.

자식은 부모가 행복과 즐거움을 추구하는 일 때문에 피해를 당하는 입장에 놓인다. 그래서 부모는 삶의 질보다 죽음의 질을 선택하지 않을 수 없게 된다. 결국 부모와 자식 모두 죄책감을 느끼게 된다.

오래 전부터 재산 상속은 실제로 개인의 직업 윤리를 좀먹는 원인이 되어왔다. 몇 가지 흥미로운 조사 결과가 그러한 사실을 뒷받침해 준다. 그중 하나는 15만 달러 이상의 유산을 받은 사람 중 20퍼센트 정도가 실업자라는 것이며, 다른 하나는 상속을 받을 것이라고 생각만 해도 그러한 기대를 하지 않는 사람들보다 소비를 많이 하고 저축을 적게 한다는 것이다.

빈익빈 부익부 현상이 나쁘다면 상속은 사회를 위해 분명히 해로운 일이다. 엄청난 유산 상속자들 대부분은 평균 가정의 두 배 이상의 소득을 올리는 사람들이다. 따라서 상속은 부자를 더 부자로 만든다.

마지막으로 상속은 영혼을 망친다. 당신의 자녀가 자신의 미래를 상속에 의존하고 살다가 결국은 상속을 받기 위해서 사랑하는 사람이 죽기를 기다릴 때, 그의 영혼에 미치는 영향을 생각해 보라. 그 심정은 찰스 황태자가 잘 알 것이다.

'다 쓰고 죽는' 것이 가장 잘사는 방법이다

이 책을 읽고 여러분이 부모로부터 유산을 물려받거나 자녀들에게 유산을 물려줄 생각을 포기했다면 절반은 성공한 셈이다.

상속이란 세대 간의 재산 전달로 끝나는 것이 아니다. 그 밑바탕에는 주인이 세상을 떠나도 그의 재산은 간직되고 유지되어야 한다는 믿음이 깔려 있다. 그것은 무형의 재산을 만들고 유지하고 늘리고 전달하는 일종의 회사처럼, 우리의 경제 생활을 육체적 삶과 따로 분리해서 생각하는 사고 방식이다. 상속이란 직업이 안정되어 있고, 부동산 가격이 오르고, 신용카드가 훌륭한 도구이며, 은퇴가 멋진 보상이었던 세계를 위해 고안된 이론의 마지막 조항이었다.

그런 구식 이론을 따르다 보니 당신은 지금 두려움과 좌절을 느끼게 된 것이다. 그것은 터무니없이 비효율적인 경제 이론으로, 어떤 미래의 혜택은 고사하고라도 지금 당장 여기서 불필요한 희생을 치르게 만들고 있다.

그 이론은 돈이 단순한 생계 수단이 아니라 그 자체로서 본질적 가치를 지니고 있다는 그릇된 믿음을 갖게 만든다. 또한 가족간의 불화를 조장하고, 임의로 정해진 시간표에 맞추어 전전긍긍하며 살도록 강요한다. 그것은 우리가 살고 있는 21세기 정보화 시대가 아니라 우리 부모들이 살던 산업화 시대에 만들어진 구태의연한 이론이다.

가장 중요한 단계는 그 다음이다. 이제 우리는 유산에 대한 인식을 새로이 하고 방향을 돌려서 그것을 자신의 경제 생활을 위해 활용해야 한다. 보물을 축적해두었다가 죽은 후에 남들이 사용하도록 하는 것이 아니라 살아 있는 동안 자원으로 이용해야 한다. 재산을 쌓아두겠다는 생각은 잊어버리고 다 쓰고 죽는 일을 목표로 삼아야 한다.

당신은 이제 재산을 지켜야 한다는 부담에서 벗어나 지금까지 모은 재산을 가족을 돕고 자신의 생활을 향상시키는 데 사용할 수 있을 것이다. 자녀들이 가장 필요로 할 때 도움을 줄 수가 있다. 자식이 60세가 되면 하릴없이 유산을 낭비하기 쉽지만, 40세에는 당신이 주는 돈으로 창업할 수 있을 것이다. 또한 자녀들이 능력을 다양한 지식을 습득하도록 지원해 줄 수도 있다.

게다가 선물에 대한 감사를 받는 기쁨도 누릴 수 있다. 또한 자신의 삶을 즐길 수도 있다. 젊을 때부터 다 쓰고 죽는 계획에 따라 살면서 신용카드를 사용하지 않는다면, 이 모든 일은 앞으로 얼마든지 가능하다.

과거의 가계 재무설계는 젊을 때는 수입을 초과해서 살다가 그 대가로 나이가 들면 쪼들리도록 만들었다. 반면 "다 쓰고 죽어라" 철학은 당신이 살아 있는 동안 내내 자신의 경제력 한도 내에서 여유 있는 생활을 하도록 도와준다.

우리는 회사가 아니라 인간이다. 돈이 우리보다 이 세상에 오래 남아 있어야 할 이유는 없다. 우리는 빈손으로 온 것처럼 빈손으로 가면 된다. 우리의 재산은 우리 자신을 위해서, 또 사랑하는 사람들을 위해서 이용해야 하는 자원이다.

우리가 죽고 난 후 은행에 한푼이라도 남아 있다면 그것은 낭비일 뿐이다. 죽은 다음에 자신의 재산이 사람들에게 도움이 되기를 바라는 것보다는 그들에게 가장 필요하고 도움이 될 때 사용하라. 죽을 때는 장의사에게 줄 돈만 남겨놓으면 된다.

이제 죽는 방식보다는 사는 방식을 더 중요하게 생각하라. 다 쓰고 죽는 것, 이것이 가장 잘사는 방법이다.

새로운 사고방식이 필요하다

유산 상속을 거부한 엄청난 부자를 말하라고 하면, 앤드류 카네기에서 워렌 버핏까지 얼마든지 있다. 하지만 이것은 단지 부자들만의 철학이 아니다. 존과 웬디 코발스키 부부를 본보기로 살펴보자.

코발스키 부부는 올해 초 유언장을 쓰려고 나를 찾아왔다. 존은 73세로 버스 운전사로 일하다가 퇴직했고, 웬디는 70세로 비서로 일하다가 퇴직했다. 그들은 은퇴한 후에 사회보장 제도와 연금으로 살아왔다.

두 부부의 1년 가계 수입이 6만 달러가 넘은 적이 없었지만 두 사람은 꽤 많은 돈을 모아두었으며, 뉴욕에서 한때 인기가 있었지만 지금은 기울어가고 있는 지역에 아파트를 소유하고 있다. 그들은 근검 절약했고 웬디가 일하던 직장의 관대한 연금 제도 덕분에 22만 5,000 달러에 달하는 돈을 저축했다. 그러나 든든한 기반에도 불구하고 그들 부부는 불안해했다.

존과 웬디는 41세의 딸 레이첼과 그녀의 15세 아들 딜란에 대한 걱정이 태산 같았다. 레이첼은 이혼해서 경제적으로 어려움을 겪어왔다. 그래서 존과 웬디는 가능한 한 많은 재산을 모아서 딸과 손자에게 물려주고 싶었다. 결과적으로, 그들은 자신들이 죽은 후에 딸에게 재산을 물려주기 위해 모든 것을 절제하면서 살고 있었다.

무엇보다 내가 놀란 것은 그들의 생활 환경이었다. 그들은 방이 두 개인 3층 아파트에서 살았는데, 건물 관리는 잘되고 있었지만 엘리베이터가 없었다. 계단을 오르내리기가 점점 힘들어지자 존가 웬디는 거의 외출을 하지 않았다. 어쩌다가 아래층에 내려와도 주변 환경이 좋지 않았다. 중산층 이웃들은 하나 둘 이사를 갔고, 이제 거리에는 범죄의 위험이 도사리고 있었다.

나는 좀더 나은 동네의 살기 편한 아파트를 구할 수 있는 방법을 설명하려 했으나, 웬디는 딱 잘라 거절했다.

"딸과 손자는 어떻게 하구요?"

그리고 자기들은 어디에 가도 어울리지 않는다고 말했다. 존과 웬디는 서로 인종이 달랐다. 웬디는 흑인 여성으로 자신이 수준 높은 동네에 어울리지 못할 것을 염려했다.

나는 냉정하고 분명하게 그들 부부에게 '다 쓰고 죽는' 계획을 세워야 한다는 나의 믿음을 설명했다. 그들 자신들을 위해서 살면서도 딸과 손자에게 얼마든지 잘할 수 있는 방법이 있다고 말했다.

그리고 우리 부모는 80대에 새 집을 사기 위해 대출을 받았다는 얘기도 해주었다.

요즘 존과 웬디는 그저 존재하는 것이 아니라 진정으로 살고 있다. 그들은 전보다는 작은 동네지만 좀더 나은 환경으로, 보다 친절한 사람들이 사는 곳으로 이사했다.

그들은 손자의 대학 등록금을 위해 적금을 넣고 있다. 그리고 네 가족이 함께 웬디가 태어난 고향 마을을 구경하기 위해 카리브해로 휴가를 떠났다.

존은 이제 죽을 때 작별 인사를 하기 위해 전화를 걸 동전 한 닢만 있으면 된다고 농담을 한다. 웬디에게도 변화가 있었다. 그녀는 새로운 사고 방식으로 경제 생활에 접근할 수 있는 가능성을 받아들임으로써 재정적으로나 사회적으로 지금까지 느껴왔던 여러 가지 두려움을 극복했다. 존과 웬디는 이제 정말 사는 것처럼 살고 있다.

다 쓰고 죽기 위한 구체적인 계획

물론 여러분은 존과 웬디보다 훨씬 젊다. 여러분은 아직 재산을 유지하는 방법보다는 증식하는 방법에 더 관심이 있을 것이다. 그러나 어쨌든 궁극적으로는 잘살다가 다 쓰고 죽는 일에 초점을 맞추어야 한다(다 쓰고 죽는 전반적인 과정에 대한 좀더 자세한 설명은 1부 8장에 나오지만, 지금 나는 단지 그 일이 생각처럼 어렵지 않다는 것을 말하려는 것이다).

젊을 때 현금으로 지불하고 절약하면서 가능한 한 많이 저축해야 한다. 그리고 먼저 6개월 동안 쓸 수 있는 비상금을 확보해 놓아야 한다. 요즘 직장은 매우 불안정하기 때문이다.

그러나 우리 자신이나 가족의 생활 수준을 떨어뜨리는 대가를 치르면서까지 절약할 필요는 없다. 다만, 지금 갖고 있는 물건이 아직 쓸 만한데 새로운 전축을 사거나 아들에게 두 달에 한 켤레씩 새 나이키 운동화를 사주면서 돈을 낭비하지는 말라는 것이다. 그러나 필요하면 가족 휴가도 가고 아들을 해외 배낭 여행에 보내줄 수도 있다. 나는 오락이 아닌 경험과 교육에 돈을 쓰는 것에는 반대하지 않는다.

나머지 자금은 장기적으로 투자하는 것이 좋다. 여러분은 장수할 테니까. 이제 당신의 목표는 은퇴를 위해 차곡차곡 돈을 모으는 것이 아니라 수입이 없어지거나 자신이나 다른 사람을 위해 무언가를 하고 싶을 때 꺼내 쓸 수 있는 자금원을 마련하는 것이다.

그러다가 60대가 되었을 때 그것들을 연금보험과 역모기지(2부에서 좀더 자세한 정보를 얻을 수 있다)와 같은 적절한 곳에 돈을 넣어둔다면 죽기 전에 돈이 떨어지는 일 없이 다 쓰고 죽을 수 있을 것이다.

수입원을 확보하라

앞에서 언급했듯이, 정기생명보험이 유리한 이유는 엄밀히 말해 배우자의 수입이 일찍 끊어질 경우에 대비할 수 있기 때문이다. 아직 가입하지 않았다면 지금 당장 가입하도록 하자. 소득이 없어도 될 정도로 저축을 하면 보험을 연장하지 않아도 된다.

계속해서 일을 할 생각이라면, 특히 불구소득보험은 당신의 안전망을 위해 반드시 필요하다. 가장 유리한 조건의 상품을 선택해서 가능한 한 오래 보유하도록 한다.

의료 비용에 대처하라

정기생명보험과 든든한 불구소득보험에 가입했다면, 이제 다양한 의료보험 조건을 알아보아야 한다. 의료비는 비싸고 점점더 오르기 때문에 당신의 재산을 위협하는 가장 큰 요인이 될 수 있다. 살아 있는 동안 돈이 떨어지지 않기를 바란다면, 예기치 않은 의료비 청구서를 해결할 수 있는 조치를 취해야 한다. 그렇다면 65세가 되기 전후에 주요 의료보험에 가입해야 한다.

또한 장기치료보험에 대해 알아본다. 하지만 아직 65세가 안 됐다면 지금 당장 장기치료보험에 드는 것을 권하지는 않을 것이다. 그 이유는 2부에서 설명하겠다.

60세가 되면 은퇴를 하지 않는다고 하더라도 자의나 타의에 의해서 수입이 줄어들 수 있다. 죽기 전에 재산을 바닥내는 일이 없도록 하기 위해서는 일정한 소득을 보장받는 방법을 찾아보아야 한다. 그렇다면 지금까지 모은 재산을 안전한 소득원으로 돌리는 방법이 있다.

장수보험에 가입하라

다 쓰고 죽기 위한 가장 중요한 도구는 장수보험 형식의 연금보험이다. 여러 가지 복잡한 선택 조항들이 있지만, 기본적으로는 보험 회사에 일시불로 납부하는 대신 보험 회사로부터(또는 계약자가 죽은 후 생존해 있는 배우자에게) 남은 여생 동안 미리 정해진 돈을 지급받기로 약속하는 것이다.

결과적으로 죽기 전에 돈이 떨어질 수 있는 위험 부담을 고스란히 보험 회사에 전적으로 떠맡기는 셈이다. 사람들은 대부분 보험에 가입하자마자 돈을 지급해 주는 즉시연금보험을 선호한다.

일단 모든 조건을 훑어보고 나면 생명보험이나 마찬가지로 그다지 복잡하지 않다. 10년 이상 높은 이자를 지급해 온 우량 보험 회사를 알아보고 투자금에 대한 급여액을 각각 비교해 보면 된다.

만일 안전한 불구소득보험과 의료비와 입원비를 지급하는 보험에 가입했고 다 쓰고 죽을 작정이라면, 연금보험과 같은 종류의 취소 불능 거래에 재산을 묶어두어도 별 문제는 없다. (물론 해약 시 원금을 환불해 주는 연금 상품이 있기는 하지만 대신 수익이 적어진다.)

현재 살고 있는 집을 수입원으로 삼아라

만일 당신이 나의 충고를 따라 두 번째 살 집을 처음에 샀다면, 그 집은 당신의 안전한 수입원으로 바꿀 수 있는 또 다른 자산이 될 수 있다. 역모기지는 당신의 집을 담보로 공시 지가만큼 대출해

준다. 대출금은 정해져있지 않지만 은행은 당신이 그 집에서 사는 동안 일정한 금액을 지급한다.

그것은 실제로 대출이기 때문에 소득 공제가 된다. 모든 수수료와 이자는 당신이 사망한 시점에서 대출금이 결정될 때까지 지불할 필요가 없다.

집이 팔리면 대출은 끝난다. 이익금이 생기면 은행이 그 절반을 갖는다. 이익금이 없으면 은행은 손실을 감수한다. 그동안 당신은 자기 집에 살면서 돈을 받을 수 있다.

자선 단체를 활용하라

요즘은 연금보험이나 역모기지와 비슷한 증여 제도를 제공하는 자선 단체와 비영리 재단이 많이 있다. 일시불로 돈을 기부하거나 살고 있는 집을 자선 단체에 기탁하면, 자선 단체는 당신에게 일정액의 급여를 지급하기로 약속한다.

또한 그 과정에서 세금 공제 혜택을 받을 수 있으며, 죽는 날까지 당신을 위해 마련한 감사 파티에 손님 자격으로 초대를 받게 될 것이다.

지금부터 자녀들에게 베풀어라

돈이 아닌 선물에는 제한이 없다. 딸에게 매년 신형 자동차를 사준다고 해도 누군가 판매세를 내는 한 국세청에서는 관여할 수 없다. 그러나 현금이 오갈 경우에 국세청은 관심을 갖는다.

죽음을 미리 준비하라

당신이 죽은 후에 장례식을 치르고 미지불금을 해결할 돈을 남겨두어야 한다는 걱정은 하지 않아도 된다. 소액의 종신보험에 가입하면 그러한 청구서가 해결되므로 갖고 있는 돈을 한푼도 남김없이 써도 된다. (실제로 특정 나이 이후에는 종신보험보다 정기생명보험이 오히려 비싸진다.) 신용생명보험보다는 종신보험이 훨씬 효율적으로 장례 비용을 선불할 수 있는 방법이다.

여유로운 노후를 위한 준비

처음 재닛 부부를 만났을 때 나는 CNBC방송에서 개인 재무설계사로 일하고 있었다. 부부가 함께 제작에 참여했던 그들은 최근에 공공 텔레비전 방송으로 방영하고 있는 세계 종교에 관한 특별토론회에 대해 인터뷰 중이었다. 휴게실에서 만나 대화를 나누다가 내가 다 쓰고 죽는 것을 목표로 삼아야 한다는 이야기를 꺼내자 그들은 서로를 바라보고 웃으며 바로 나 같은 사람을 찾고 있었다고 말했다.

2주일 후 그들은 내 사무실을 방문했다. 데이비드는 44세였지만 실제 나이보다 젊어 보였다. 아마도 머리와 수염을 기르고 청바지와 스웨터에 운동화 차림이라서 그렇게 보이는 것 같았다. 그는 뉴욕의 거리보다는 대학 캠퍼스에 더 어울리는 모습이었다.

반면 캐서린은 실제 나이인 35세보다 더 늙어 보이고 행동도 그렇게 했다. 머리는 요즘 유행하는 스타일로 짧게 잘랐으며, 처음 만나는 사람에게는 매우 사무적으로 대했고, 복장은 월스트리트에나 어울리는 차림새였다.

나는 유난히 눈에 띠는 그들의 외모 차이가 각자 하는 일 때문이라는 것을 알아차렸다. 그들은 함께 일하고 있었지만 데이비드는 '창의적'인 부분을 맡았고, 캐서린은 경제적이고 정책적인 문제들을 처리하고 있었다. 남편은 밖에 나가서 카메라맨들과 도구 담당자들과 함께 일했고, 부인은 이런저런 회의에 참석해서 자금을 마련했다. 그들은 외모는 서로 다르지만 돈과 생활 방식에 관해서는 뜻이 잘 맞았다.

데이비드와 캐서린은 그들의 기대 이상으로 훨씬 더 성공했다. 그들은 도심에 위치한 영화 학교에서 만나 사랑에 빠졌다. 데이비드는 강사였고 캐서린은 학생이었다. 그들은 자신들이 선택한 분야인 다큐멘터리 제작이 부자가 될 수 없는 일이라고 생각하고 검소한 생활을 하기로 마음먹었다. 1980년대 초반 그들은 맨해튼의 북서부에 원룸 아파트를 샀다.

능력과 행운 덕분에 그들의 사업은 성공을 거두었다. 존경받는 텔레비전 명사가 그들에게 신화에 관한 시리즈 제작을 맡겼다. 그 프로가 인기를 끌자 데이비드와 캐서린은 업계에서 이름이 알려지고 돈도 벌었다. 갑자기 여기저기서 그들을 필요로 했다. 아이를 가질 만큼 여유가 생기자 시드니라는 귀여운 딸도 낳았다. 이제 웬

만큼 돈도 모았다.

올해 초 나를 찾아왔을 때 시드니는 다섯 살이 되었고, 그들 부부는 가정 생활과 가계 재무를 전체적으로 다시 점검하는 중이었다. 나는 그들과 함께 한 시간 이상 이야기를 나누면서 현금으로 지불하고, 은퇴하지 말며, 다 쓰고 죽는 철학에 대해 설명했다. 그들은 다시 한 번 생각해 볼 기회를 가진 후에 와서 상의하겠노라고 했다.

2주일 후 그들 부부는 대충 설계한 계획을 가지고 와서 나에게 보완해 달라고 했다. 그들은 뉴욕에서 자동차로 세 시간 가량 걸리는 캐스킬 산맥의 언덕에 자리잡은 농장으로 이사하려고 계획을 세웠다. 부부가 남은 여생을 보낼 집이었다. 그들은 딸 시드니에게 안전하고 아름다운 시골 마을과 흥미롭고 다양한 문화가 꽃피는 도시를 오가며 양쪽 세계를 최대한 경험할 수 있는 환경을 제공해 주고 싶어했다. 그리고 그들 부부 역시 양쪽 세계의 장점을 골고루 누리기를 원했다.

그때부터 그들 부부와 나는 그 꿈을 실현하기 위해 온 힘을 기울였다. 그들은 농장을 샀다. 그리고 자신들이 버는 수입의 한도 내에서 생활하면서, 각자 3년 동안의 수입을 보상받을 수 있는 기간 생명보험에도 가입했다. 또한 각자 충분한 불구소득보험에 가입했다. 그들의 목표는 시드니의 대학 학비나 노후 자금 또는 시드니에게 물려줄 유산을 걱정하기보다 '단순하지만 지적 자극이 되는 생활'을 하는 것이다. 또한 나이가 들면서 근로소득이 감소하는 경우에 대처할 수 있도록 충분한 불로 소득원을 마련하기 위해 적극적인 투자를 계획하고 있다.

보다 폭넓게 인생을 계획하라

"다 쓰고 죽어라"는 것은 불가능한 목표(안정적이고 연봉을 잘 주는 만족스러운 직장)를 포기하고, 잘못된 경제 습관(신용카드를 사용해 저축을 하지 못하는)을 버리고, 임의의 마감 시간(65세의 은퇴)에 대해서는 잊어버리고, 경제적 불멸에 대한 어리석은 꿈(유산 상속)을 꾸지 말라는 것이다.

우리는 신세계에서 구세계의 방법을 고집하기보다 21세기의 생활 환경에 알맞은 규칙들을 따라가야 한다. 그것은 우리가 좌절을 피할 수 있고 성공할 수 있는 기회가 더 많이 주어진다는 의미다. 젊어서 분수에 넘치는 생활을 하다가 늙어서 쪼들리는 것이 아니라, 죽는 날까지 넉넉하게 생활하는 것이다. 그것이 인생 전체를 바라보는 좀더 건전한 사고 방식이다.

그것은 우리 자신에 대한 만족감, 행복한 생활, 그리고 내가 평정이라고 부르는 마음의 평화다. 당신 자신의 천국을 찾고 싶다면, 계속해서 책장을 넘기도록……

DIE BROKE 06
강요된 인생을 살지 말라

처음 "다 쓰고 죽어라" 철학을 구상하기 시작했을 때 나는 고객들이 당면한 문제를 해결해 보려는 생각밖에 없었다. 그들은 키를 잃어버린 채 폭풍우 속에서 헤매는 배처럼 보였다.

그들은 한결같이 자신을 성공으로 이끌어줄 것이라고 알고 있었던 규칙들을 잘 따라왔음에도 불구하고 더 이상 삶을 통제할 수 없게 되자 삶의 방향을 다시 조정해 줄 새로운 나침반을 절실히 원했다. 폭풍우가 몰아치는 세상에서 새로운 나침반 역할을 해줄 해답과 해결책을 필요로 했다.

나는 여러분에게 우리의 삶을 바로잡도록 하는 네 가지 새로운 격언을 제시했다.

"지금 당장 사표를 써라."

"현금으로 지불하라."

"은퇴하지 말라."

"다 쓰고 죽어라."

이 네 가지 지침을 따른다면, 우리는 모든 난기류를 헤치고 올바른 진로를 따라 새로운 천년에도 안전하게 지낼 수 있을 것이다.

지금까지의 시대에 뒤떨어진 규칙에 매달리지 말고 자신의 환경과 스스로에게 맞는 규칙을 따른다면, 그것은 얼마든지 가능한 일이다.

이미 앞에서 이 새로운 원칙들을 따를 때 덤으로 주어지는 정서적인 혜택에 대해 간단히 언급했다. 이외에도 다른 혜택이 더 있는데, 그것은 우리가 이러한 격언들을 실천한다면 정신적으로 보다 충만한 삶을 이끌어갈 수 있다는 것이다. 그리하여 진정한 마음의 평화와 평정을 얻게 된다. 스스로 자신의 길을 선택하고 헛되이 완벽을 추구하지 않을 것이다.

건전한 가치관을 지녀라

지금까지 따라왔던 옛 규칙들은 자세히 들여다보면 몇 가지 해로운 가치관에 근거를 두고 있음을 알 수 있다. 그 가치관들을 모두 합치면 아주 불건전한 철학이 된다.

당신은 허물어져 가는 회사의 사다리 발판을 일편단심 붙잡고 올라가면서 스스로 생각하는 것보다 다른 사람들이 당신을 어떻게 생각하는지를 더 중요하게 생각했다.

사다리 타기에 열중하면서 일이 인생에서 가장 중요하다고, 가족이나 자신의 영혼보다 일이 더 중요하다고 생각했던 것이다. 그리고 정상에 도달하거나 떨어질 때까지는 계속해서 올라가야 한다고 생각하면서 가장 중요한 발판은 정상이라고 말했다. 정상이 아니면 그 무엇도 충분하지 않았다.

당신은 신용카드로 최신 사치품을 사거나 충동 구매를 하면서 그저 얻는 것이 노력해서 버는 것이나 마찬가지고, 인내심은 덕목이 아니라 어리석음이며, 욕구는 가능한 한 빨리 충족해야 한다고 주장했다.

당신이 차익을 남길 생각으로 집을 산다면 그것은 '가정'이라는 개념을 포기하고 자신과 가족이 사는 집을 단지 또 하나의 상품으로 생각한다는 의미다. 또한 평생 동안 계속해서 부동산을 사고 팔기를 계속하는 것은 이웃보다 돈을 중요하게 생각하는 것이다.

65세나 그 이전에 완전히 은퇴를 하겠다고 생각하는 사람에게 일은 가능하면 빨리 벗어나야 하는 짐이고, 경험과 지혜보다는 육체적인 힘과 정력이 더 중요한 것이다.

또한 나이가 들었다고 무조건 양로원에 입주하는 것은 65세가 넘은 사람들은 사회에 기여할 능력이 없다고 생각하는 것이나 다

름없다.

　부모로부터 상속을 기대하는 것은 인생에서 가장 중요한 목적이 일신상의 편안함이고, 자신의 삶이 부모의 삶보다 중요하며, 부모로부터 받아야 하는 가장 큰 선물은 돈밖에 없다고 말하는 것과 같다.

　자녀들에게 물려줄 재산을 모으는 것은 당신이 아이들에게 줄 수 있는 가장 큰 선물을 돈이라고 생각하는 것과 같다. 상속을 한다는 것은 사랑보다 돈을 선택한다는 의미다.

　나는 신학자나 윤리학자는 아니다. 어떤 사람들은 나에게 법률가가 무슨 엉뚱한 소리를 하느냐고 말할지 모른다. 그러나 나는 우리 모두가 지금까지 따라왔던 규칙들 뒤에 숨은 잘못된 가치관이 우리 사회의 도덕심을 기울게 만들었다고 생각한다. 설사 그렇게까지 생각하지 않는다고 해도 그러한 유해한 가치관들을 버린다면 우리 자신과 세상에서의 자신의 위치에 대해 좀더 편안하게 느끼는 데 도움이 될 것이다.

스스로 진로를 선택하라

　"다 쓰고 죽어라" 철학은 당신에게 해로운 가치관들을 버리도록 하는 것 이상의 효과를 줄 수 있다. 이제 당신은 전에 없었던 무언가를 가질 수 있다. 그것은 바로 선택이다.

과거의 규칙들은 각각의 목표를 갖고 있었다. 그 목표는 회사 사다리를 오르거나, 노리갯감을 사들이거나, 65세에 은퇴하거나, 부자로 죽는 것이었다. 당신이 과거의 규칙들을 따랐다면, 그러한 목표를 추구하면서 그것이 당신 인생의 목적이라고 말한 셈이다. 당신은 그 문제에서 아무런 선택권이 없었다. 내가 '규칙'이라고 부르는 이유는 바로 그 때문이다.

만일 당신도 대부분의 내 고객들과 마찬가지라면, 지금 당신의 머릿속에는 어떻게 하면 성공하고 행복해질 수 있을까에 대해 이야기하는 테이프가 끊임없이 돌아가고 있을 것이다. 처음에는 그것이 당신의 아버지나 직장 상사나 아내가 하는 말처럼 들릴지 모르지만, 자세히 귀기울여 보면 사회가 당신에게 쏟아부은 모든 가치관들이 스며 있는 자신의 목소리라는 것을 깨닫게 될 것이다.

다른 사람들이 당신에게 떠맡긴 그런 목표들을 추구하기를 그만둔다면, 다른 사람들이 원하는 것을 달성하기 위한 수고를 그만둔다면, 자신의 삶을 다른 누군가에게 맡기지 않고 스스로 손에 고삐를 잡는다면, 당신의 머릿속에 있는 테이프는 잠잠해질 것이다.

"다 쓰고 죽어라" 철학을 따른다면, 당신은 마침내 스스로 목표를 결정할 수 있는 선택권을 갖게 된다. 나는 지금 규칙이 아닌 격언을 제시하고 있다. 모든 일은 '단지 일에 불과'하다. 그러므로 당신은 언제라도 지금 하고 있는 일을 그만두고 자신에게 가장 적합한 다른 일을 선택할 수 있다. '현금으로 지불'하는 한 무엇이든 살 수 있다.

'은퇴하지 않는' 한 계속해서 어떤 일이든 할 수 있고, 학교로 돌아갈 수도 있고, 창업할 수도 있다. 무언가를 하는 한 무엇이든 할 수 있다. 그리고 다 쓰고 죽기로 한다면 죽는 날까지 평생 동안 자기 마음대로 재산을 적절히 소비할 수 있는 자유가 주어진다.

"다 쓰고 죽어라" 철학을 따른다면, 당신은 새로운 경제세계에서 신대륙에 이주해 온 주민들처럼 자유롭게 살 수 있을 것이다. 새로운 경제세계에는 선택의 자유가 있다. 지금까지는 부모가 주는 옷을 입어야 했으나 이제 마침내 스스로 옷을 선택할 수 있게 되었다. 그리고 지금까지는 강요된 인생을 살아왔으나 이제 자신의 인생을 출발할 수 있게 되었다.

마침내 자기 자신이 될 수 있는 기회를 얻은 것보다 정신적으로 더 큰 보상이 어디에 있겠는가.

완벽을 추구하지 말라

당신은 자신이 하는 일에 대해 절대 만족하지 못한다는 사실을 스스로 알고 있는가? 나는 고객들 중 성공한 많은 사람들이 뜻밖에도 자기 자신과 자신의 인생에 대해 불만스러워하는 것을 자주 목격하게 된다. 그들은 자본주의의 커다란 딜레마에 발이 묶여 있다.

아무리 부자가 되어도 언제나 자기보다 돈이 더 많은 부자가 있다. 자신이 가진 컴퓨터가 아무리 좋다고 해도 언제나 그것보다 더 성능이 뛰어난 컴퓨터가 있다. 그리고 직업적으로 아무리 성공하더라도 항상 더 성공한 사람이 있다.

그들은 인생을 끝없는 쟁탈전으로 생각한다. 즉 승자는 한 명뿐이고 다른 사람들은 모두 패자라는 것이다. 그들은 단지 자신이 찾지 못할 뿐이지 완벽한 직업이나 완벽한 가정이나 완벽한 자동차가 어딘가에 있다고 확신한다.

나는 이런 식의 완벽을 추구하는 패배주의가 바로 다른 누군가에 의해 정해진 목표를 쫓아가는 구세대의 증상이라고 생각한다.

만일 누군가 당신에게 정상에 올라서거나 아니면 나락으로 떨어질 때까지 사다리를 계속 기어오르라고 한다면, 그것은 완벽하지 않으면 충분하지 않다는 말이다.

만일 누군가 당신에게 새로운 자동차나 운동 기구나 운동화가 다른 것들보다 좋으니까 사라고 설득한다면, 그것은 돈이 있든 없든 간에 완벽한 소유를 위해 끊임없이 소비하라고 유혹하는 것이다.

만일 누군가 당신에게 연봉의 절반을 노후 자금, 딸의 대학 등록금, 상속을 위해 저축하라고 한다면, 그것은 비록 현재 수입의 97퍼센트가 청구서를 지불하는 데 나간다고 해도 완벽한 저축가가 되라고 강요하는 것이나 마찬가지다.

설사 그러한 목표를 성취한다고 해도 당신은 결코 만족하지 못할 것이다. 왜냐하면 언젠가 마침내 만족하게 되리라는 희망으로 항상 좀더 많이 하고, 좀더 많이 얻고, 좀더 나아지기 위해 노력하고 있기 때문이다. 그래서 계속 노력하지만 행복에 다가가지는 못한다.

그 이유는 그것이 당신의 목표가 아니기 때문이다. 본질적으로 사회가 당신에게 쏟아부은 목표는 결코 충족될 수 없는 것들이다. 당신은 그것을 쫓아가면서 산꼭대기를 향해 언제까지나 돌을 밀고 올라가는 현대의 시지프스가 되었다.

"다 쓰고 죽자"의 철학을 따른다면, 우리는 자신의 목표를 스스로 정하게 된다. 그리고 마침내 그 목표를 성취하고 만족하게 된다.

내 얘기는 우리 자신과 우리의 인생을 개선하기 위한 노력을 그만두라는 말이 아니다. 내가 말하고 싶은 것은 만일 우리가 성취 가능한 목표를 세우고 그것을 실현한다면, 또다른 성취 가능한 목표를 세울 수 있다는 것이다. 우리의 인생은 불가능한 목표를 위해 헛되이 애쓰지 않고 목표를 스스로 정해서 달성해 가는 과정이 될 것이다.

당신 자신과 당신이 지금 살고 있는 시대에 맞게 고안된 원칙들을 따라가라. 스스로 선택한 목표를 추구하라. 자기에게 주어진 자원을 최대한 이용하라. 이것이 바로 행복을 얻고 평정에 도달할 수 있는 비결이다.

DIE BROKE 07

가족을 위한 "다 쓰고 죽어라" 철학

부모님에게 "다 쓰고 죽어라" 설득하기

당신은 결코 "다 쓰고 죽어라" 철학을 부모님께 납득시킬 수 없을 것이다. 아무리 진지하게 열성적으로 이야기해도, 그리고 차근차근 자료까지 보여주면서 설명해도 부모님이 다 쓰고 죽는 방법을 인정하도록 만들기는 어렵다.

그것은 부모님이 완고하거나 어리석기 때문이 아니라 지금까지 심리적으로나 경제적으로 세상을 바라보는 과거의 방식에 너무 많은 것을 투자해 왔기 때문이다. 부모님은 예전의 규칙대로 그럭저럭 살아왔으므로 자녀인 당신도 그렇게 살 수 있으리라고 생각한다. 당신이 "저는 더 이상 과거의 규칙대로 살 수 없어요"라고 말하면, 그들은 자신의 가르침을 따르지 않겠다는 의미로 알아듣고 서운해할지도 모른다.

또한 부모님이 다 쓰고 죽기로 한 당신의 결심을 인정하지 않는다면 다 쓰고 죽으라고 설득할 수도 없다. 지금 당장 부모님께 가서 당신은 유산이 한푼도 필요 없다고 말해 보라. 살아 있는 동안 부모님 자신들을 위해 돈을 몽땅 쓰시라고 해보라. 십중팔구 그들은 미소를 지으며 말만으로도 고맙다고 말하고는 더 이상 들으려고 하지 않을 것이다.

당신의 부모님이 설령 은퇴해서 편안히 살고 있다고 하더라도, 그들에게는 두 가지 커다란 두려움이 항상 따라다닌다. 그것은 사는 동안 수중에 돈이 떨어지는 것, 그리고 한평생 애서 모은 재산이 하루아침에 휴지 조각이 되는 것이다. 그들은 자신의 생활 수준을 향상시키기 위해 재산을 쓰는 것을 인정하지 못한다. 대부분의 부모는 자신들이 힘들게 살더라도 자녀에게 유산을 남겨주어야 한다고 생각한다.

그렇다면 부모님이 살아 있는 동안 삶의 존엄성을 지킬 수 있는 일정한 생활 수준을 유지하다가 남은 돈이 있다면 가족들에게 물려주라고 말해 보자. 그러면 아마 흔쾌히 받아들이실 것이다. 그 정도의 수준에서 "다 쓰고 죽어라"가 아니라 "잘살자"는 말로 바꾸어서 그들을 설득해 보자.

만약 당신이 '다 쓰고 죽기'로 결정했다면 삶에 커다란 변화가 생길 것이다. 그 결정은 또한 자녀들에게도 커다란 변화를 주게 될 것이고, 그들로서는 받아들이는 수밖에 다른 도리가 없다.

내 말을 오해하지 말기 바란다. 나는 당신의 결정이 아이들에게 돈과 생활의 관계에 대해 보다 건전한 생각을 갖도록 해주어서, 장기적으로 매우 긍정적인 영향을 줄 것이라고 믿고 있다. 사람은 나이가 들수록 사고 방식과 생활 방식을 바꾸기가 어렵다.

부모의 역할과 책임을 고려하라

이 주제에 대해 깊이 들어가기 전에 나는 아직 자녀가 없는 사람들에게 해줄 말이 있다. 그것은 경제적인 문제를 포함해서 부모로서 겪게 되는 모든 결과에 대해 다시 한 번 생각해 보자는 것이다.

도서관에 가면 아이를 갖는 미덕을 극구 찬양하는 책들로 가득 차 있다. 나는 개인적으로 네 아이의 아버지이자 아홉 명 손자 손녀들의 할아버지가 된 입장에서 느꼈던 심오한 기쁨을 증언할 수 있다. 하지만 그것과 더불어 부모로서 느끼는 경제적인 부담에 대해서도 증언할 수 있다.

나는 여러분에게 직업과 가계 재무에 대한 옛 규칙들을 버리라고 제안함과 동시에 자식을 낳은 것에 대한 전통적인 지침들도 잊어버리라고 권한다. 아이를 갖는 것은 의무나 책임이 될 수 없다. 그것은 기쁨이어야 한다. 아이들은 장기치료보험이 아니다. 또한 불멸을 위한 보증서도, 가계의 유전자 저장소도, 인종 정체성의 지속을 위한 기수도 아니다. 아이는 자유 의지를 가진 독립적인 인간이다. 그러므로 아무 생각 없이 아이를 낳아서는 안 된다. 당신의 현재와 미래에 대한 희망과 꿈을 고려해야 한다. 또한 경제력도 계산해 보아야 한다.

부모의 경제적 선택

사람은 누구나 자기가 먹을 것을 가지고 태어난다는 말은 이제 옛날 이야기다. 농경 시대에는 농사를 짓기 위해서 많은 아이들이 필요했다. 장남은 아버지가 더 이상 일을 할 수 없게 되면 농장 일을 넘겨받고 어머니를 부양했다. 그리고 아버지가 돌아가시면 농장을 맡았다.

그런 시절에 아이들은 정서적 가치가 아닌 경제적 가치를 가지고 있었다. 그래서 어린 나이에 죽으면 아무 표시도 없는 무덤에 묻히는 경우가 흔했다. 요즘에는 애완동물한테도 그보다 성의 있는 고별식을 해준다.

그러다가 산업 시대가 되면서 아이들은 경제적으로 '무용지물'이 되었다. 초기의 공장들은 숙련을 필요로 하지 않는 싼 노동력을 어린이들에게 의존할 수 있었으나, 제조 과정이 좀더 복잡해지면서 고도의 기술이 필요해졌다.

그러자 사람들은 아이들을 적게 낳기 시작했다. 의학의 발달로 아이들의 사망률은 줄어들었다. 자녀의 수가 줄어드는 반면 그들이 죽지 않고 커서 어른이 될 확률이 높아지자, 아이들에 대한 부모의 애정이 증대했다.

그러나 이러한 새로운 정서적 변화와 더불어 경제적인 문제가 발생했다. 아이들은 소중해졌으나 돈이 많이 들었다. 대공황 동안에는 가임 여성의 20퍼센트 이상이 아이를 낳지 않았다. 그것은 미국 역사상 가장 높은 비율이었다. 요즘 베이비붐 세대의 여성들도 가족 계획으로 아이를 한두 명만 낳아 키우고 있다.

부모 역할의 비용과 혜택에 대한 분석

그러면 요즘 아이를 낳는 데 따르는 경제적인 부담은 얼마나 될까? 내가 아는 가장 정확한 계산에 의하면, 저소득층(연 수입 3만 달러 이하) 가족은 아이 한 명을 낳아서 18세까지 키우는 데 약 15만 달러를 소비하며, 중간 소득층(연 수입 3만 달러에서 5만 달러 사이)은 약 21만 달러, 고소득층(연 수입 5만 달러 이상)은 거의 30만 달러를 소비한다.

한편, 부모 쪽에서 한번 살펴보자. 부모가 된 기쁨은 사실 그 가치를 따질 수 없다. 대부분의 사람들은 경제적으로 쪼들리더라도 아이로부터 느끼는 정서적인 위안을 바란다. 나는 아이를 낳지 말라거나 아니면 아이를 나으라는 말을 하려는 것이 아니다. 그것은 내가 이러쿵저러쿵할 수 없는 매우 개인적이고 민감한 문제다.

다만 내가 말하고자 하는 것은 역사적으로 언제나 아이를 낳는 결정에 경제적인 문제가 알게 모르게 중요한 영향을 미쳐왔다는 사실이다. 따라서 나는 아이를 낳기 전에 경제적인 문제를 좀더 신중하게 계획하라고 제안할 뿐이다.

돈의 마술적인 속성

아이를 낳기로 선택했다면 앞으로 부모와 자식 간의 관계에서 돈이 커다란 역할을 하게 될 것이다.

돈은 인간이 생각해 낸 가장 분명한 개념 가운데 하나다. 그러나 보편적인 교환 수단으로 사용되는 돈은 그 자체의 본질적인 가치를 지닌 것은 아니다.

말하자면 돈이란 우리가 그것을 어떤 무엇으로도 바꿀 수 있는 인공물이라는 의미다. 그러나 다른 한편으로는 돈이 우리 자신의 두려움과 꿈을 그 위에 그릴 수 있는 빈 화판이 될 수도 있다는 의미도 하다.

돈은 민주적이고 자유로운 시장 속에서 물건은 물론 우리 자신을 포함한 모든 것과 모든 사람의 가치를 측정하는 수단이 되었다. 미국 사회가 좋은 이유 중 하나는 적어도 이론적으로는 부모가 누구인지, 어디에서 태어났는지, 어떤 인종인지를 보고 사람을 판단하지 않는다는 것이다.

모든 것은 자기 하기에 달려 있다. 그러나 그 결과 사람의 가치를 한 가지 방법, 즉 돈으로만 판단하는 사회가 되었다.

가족 관계에서 돈의 역할

 사회가 사람을 돈으로 측정하기 때문에 우리도 자신과 다른 사람들을 그런 식으로밖에 측정할 수 없게 되었다. 아니라고 펄쩍 뛰어도 소용없다. 당신은 자신의 수입과 재산을 단순한 생활 도구가 아니라 자신의 지위를 측정하는 방법으로 생각하고 있을 것이다. 당신의 자녀들도 마찬가지다.
 또한 당신은 다른 사람들이 자신을 어떻게 생각하는가를 돈으로 판단한다. 당신은 회사에서 자신의 가치를 인정받는 증거로 보너스를 기대한다. 마찬가지로 당신의 아들은 아버지가 새 나이키 운동화를 사주리라고 기대한다.
 돈은 우리 자신과 다른 사람들을 판단하는 방법일 뿐 아니라 다른 사람을 조정하는 방법이기도 하다. 개인적으로 돈이 충분히 있으면 독립할 수 있지만 그렇지 않으면 누군가에게 의존할 수밖에 없다. 아이들은 관심과 보호보다도 돈이 필요하기 때문에 부모에게 의지한다.
 모든 부모와 자녀들은 어느 정도 이러한 사실을 인식하고 있다. 그리고 때로는 이런 점을 이용하기도 한다. 선행을 돈으로 보상하는 부모와 돈을 바라고 행동하는 자녀는 양쪽 모두 사람을 조정하는 수단으로 돈을 이용하는 것이다.
 가정 생활에서 돈의 영향력은 피할 수 없다. 그러나 "다 쓰고 죽어라"의 철학을 가진 사람들은 돈이 가족 관계에 미치는 부정적인 영향을 어느 정도 줄일 수 있다. 재산을 경제적 불멸로 들어서는 입장권이 아니라 목적을 위한 수단으로 생각하면 돈에 대한 건전한 시각을 가지게 되기 때문이다.

또한 부모로부터 상속을 받지 않겠다고 선언하고 부모가 재산을 다 쓰고 떠나도록 한다면, 부모와의 관계에서 돈을 분리시킬 수 있다. 다음 단계는 당신의 자녀들에게 '다 쓰고 죽는' 철학을 배우게 해서 그들과의 관계에서 돈의 영향력을 최소화시키는 것이다.

자녀에게 "다 쓰고 죽어라" 철학 가르치기

이제 네 살밖에 안 된 딸에게 오늘의 경제 상황에 어떻게 대처해야 하는지를 가르치라는 것이 아니다. 그 아이가 앞으로 살게 될 경제세계는 지금과는 또 다를 것이다. 당신의 목표는 아이에게 스스로 규칙을 만드는 자세를 심어주는 것이다.

돈에 대한 건전한 사고 방식은 당신이 자녀에게 남겨줄 수 있는 최고의 유산이다. 그것은 평생 동안 마주치는 모든 상황에 도움이 될 수 있는, 어떤 일류 대학의 졸업장보다 가치 있는 선물이다.

지금 당신이 자신의 삶을 주관하고 있듯이 아이도 스스로 삶을 주관하는 데 필요한 도구를 제공해 줄 필요가 있다. 시작은 빠를수록 좋다. 그러나 아이가 10대라고 해서 초조해할 필요는 없다. 당신도 이 책을 읽고 나서부터 시작했으니까.

되도록 일찍(3-5세) 아이가 돈을 사용하도록 하자. 1달러짜리 지폐를 손에 쥐어주고 신문이나 껌 한 통을 사고 거스름돈을 받아오게 한다. 그래서 돈이란 사람이 어떤 일을 통해 돈을 벌어들여, 필요한 것을 사는 데 사용하는 보편적인 교환 수단으로 인식하도록 해준다.

아이가 학교에 다니기 시작하면 매주 같은 날 같은 시각에 용돈을 주고 '작은 사치품'을 사는 데 쓰도록 한다.

용돈을 심부름과 연결시키지 말라. 심부름은 가족 구성원으로서 당연히 할 일이다. 또 용돈을 학교 성적과 연결시키지 말라. 열심히 공부하는 것도 당연한 일이다.

그리고 용돈을 행동과 연결시키지 말라. 분노, 사랑, 가족의 책임, 학교 공부는 모두 돈과 아무런 관계가 없다.

어릴 적 용돈은 만화나 장난감 같은 물건을 살 수 있을 정도면 충분하다. 다른 것들은 아직 부모가 사주어야 한다. 만일 용돈을 얼마나 주어야 하는지 잘 모르면 또래 아이들의 부모에게 물어보라. 그리고 아이와도 함께 상의해 보라. 너무 많이 주는 것보다는 적게 주었다가 올려주는 편이 낫다.

조금 더 나이가 들면 용돈으로 해결하는 범위를 넓히기 시작한다. 가족을 위해 선물을 사거나 한 달에 한 번 외출해서 영화를 보고 햄버거를 사먹을 수 있을 정도로 용돈을 올려준다.

아이가 12~13세가 되면 가족이 지출하는 돈을 함께 상의한다. 용돈 지급을 1주일 단위에서 1개월 단위로 바꾸고 아이 스스로 모든 오락비를 충당할 정도로 올려주어도 된다. 만일 아이가 어느 정도 책임감을 갖게 되면 별도로 의복 구입비를 저축하도록 하는 방법도 고려해 본다.

아이가 용돈이 모자라 가불을 요구할 경우 굳이 피할 필요는 없다. 단지 좀더 주는 것이 아니라 미리 주는 것이라는 점을 분명히 해둔다. 자제심을 키우지 않으면 책임감을 배울 수 없다.

아이에게 통장을 만들도록 도와준다. 만일 용돈이 더 필요하다고 하면 집안일을 시키고 돈을 주는 방법도 생각해 보자. 이때의 일은 평소에 하던 심부름이 아니라 헛간을 청소하거나 세차를 하는 등 돈을 주고 누군가를 시켜야 하는 일이어야 한다.

15세가 되면 스스로 용돈을 벌도록 방법을 생각해 볼 수 있다. 신문 배달 때문에 학교 공부를 못할까 봐 걱정할 필요는 없다. 대부분의 조사에 의하면 오히려 그 반대다. 파트 타임 일을 하면 스스로 할 일과 시간을 조절하는 방법을 배우기 때문에 오히려 학교 성적이 좋아지는 아이들이 많다.

경제력의 한계를 파악하라

모든 부모는 자식이 대학에 다니는 4년 동안 뒷바라지를 하고 싶어한다. 그러나 베이비붐 세대의 부모들은 4년제 대학은커녕 전문대학을 졸업시키기도 벅차다. 그들에게 들어가는 돈은 엄청나다. 매년 대학 등록금은 오르고 있다. 게다가 계속해서 오르는 책값, 하숙비, 교통비, 유흥비도 생각해야 한다.

물론 당신의 부모님도 당신을 대학에 보냈다. 그러나 그때는 상황이 지금과는 많이 달랐다. 그들은 20대에 당신을 낳았으므로 한창 돈벌이를 하는 나이에 대학을 보내고, 그들의 수입은 대학 등록금보다 빨리 올랐다. 그리고 안정된 직장과 연금, 그리고 자고 나면 값이 껑충 뛰어오르는 부동산을 갖고 있었다.

그러나 당신은 30대에 아이를 낳았으므로 직장에서 위치가 불안해질 때 그들을 대학에 보내게 된다. 등록금은 치솟지만 당신의 수입은 똑같거나 오히려 줄어들 수도 있다. 당신의 직장은 불안정하고 연금도 없으며, 살고 있는 집의 부동산 가격은 물가를 겨우 따라가는 정도에 불과하다.

경제력의 한계에 대해 자식에게 미안해할 필요는 없다

나는 재산을 바닥내면서까지 아이들을 대학에 보내야 한다고는 생각하지 않는다. 다 쓰고 죽기로 한 당신은 평생 자녀들에게 돈을 쓰게 될 것이고, 대학을 보내고 졸업을 시킨 후에도 그럴 것이다. 또한 자신의 건강을 돌보고 계속해서 일을 한다면 자녀들에게 경제적으로 부담이 되지 않을 수 있다. 당신의 능력 범위 안에서 할 만큼 다했으면 더 이상 도와주지 못한다고 해서 죄책감을 느낄 필요는 없다. 아무도 그 이상을 요구할 자격은 없다.

중요한 것은 당신의 경제력의 한계에 대해 자식들에게 솔직히 터놓고 이야기하는 것이다. 아이가 10대 중반이 되면 당신이 부모로서 할 수 있는 것과 없는 것을 이야기한다. 그러면 아이와 당신은 거기에 맞추어 준비를 할 수 있다. 자녀와의 대화의 중요성은 결코 과소 평가할 수 없다.

많은 사회학자들은 요즘 가장 심각한 가족 문제의 원인이 현실과 기대가 다른 데에서 기인하는 실망감 때문이라고 한다. 부모가 대학 등록금을 전부 뒷바라지할 수 없다는 사실을 아이가 일찍부터 인식한다면, 아이는 자신의 기대치를 조절하거나 어려움을 극복할 준비를 할 것이다.

아이에게 꿈을 이루어가는 과정에서 경제적 궁핍을 감수해야 할지도 모른다는 사실을 알려주는 것에 대해 안타까워할 필요는 없다. 인생의 선택이 경제력에 의해 제한받을 수 있다는 사실을 깨닫고 인정할 때, 아이는 돈에 대해 건전한 사고 방식을 가질 수 있다. 사실 그것은 당신이 아이에게 첫 용돈을 주는 날부터 의도하는 목표이기도 하다.

대학을 꼭 다녀야 하는가

반드시 짚고 넘어가야 할 또 하나의 문제는 반드시 대학에 들어가야 하는가를 진지하게 생각해야 한다는 것이다. 아무 생각도 없이 엄청난 대학 입학금을 마련한다는 것은 어처구니없는 일이다. 교육학자들에 따르면 대학생 가운데 진정으로 학문에 뜻이 있는 학생은 25퍼센트에 불과하다고 한다.

  나는 오래 전부터 기술에 관심 있는 젊은이들은 4년제 종합대학보다는 직업 교육이나 도제 훈련을 통해 더 많은 것을 배울 수 있을지도 모른다고 생각해 왔다. 마찬가지로 배우, 작가, 화가들처럼 창의적인 직업을 원하는 아이들은 4년 동안 교양 과목을 듣는 시간에 자신의 예술에 정진할 수 있는 교육을 받는 것이 보다 현명할 것이다.

  물론 전문인이나 관리자가 되고자 한다면 분명 학위가 필요할 것이다. 그러나 당신의 아이가 무슨 일을 해야 할지 잘 모르면 지역 전문학교에 보내는 것이 교육적으로나 경제적으로 보다 현명한 선택이 될 수 있다.

DIE BROKE 08

다 쓰고 죽기 위한 5단계 실천 계획

　머릿속으로 생각하는 이론을 현실에 적용하기 위해서는 실천 계획이 필요하다. "다 쓰고 죽어라"도 마찬가지다.
　내가 주장하는 "다 쓰고 죽어라"와 일반적인 가계 재무설계사들이 제공하는 계획 사이에는 분명한 차이가 있다. 우선 '다 쓰고 죽는' 계획에는 시간이나 나이의 제한이 없다.
　그 이유는 우리 모두를 각각 특별한 인간으로 생각하기 때문이다. 개인의 자유를 주장하는 이론에 나이와 시간 제한이 있을 수 없다.

지금까지의 개인 재무설계는 모두 특정한 날짜에 묶여 있었다. 예를 들어 65세가 되면 은퇴를 하게 되어 있다. 하지만 "다 쓰고 죽어라" 철학은 은퇴를 거부한다. 이 철학은 우리의 인생을 단 하나의 절벽을 기어오르다가 65세가 되어서 밑으로 뛰어내리는 것이 아니라 여러 산봉우리를 오르내리는 여행으로 보기 때문이다.

우리의 계획은 사회가 정해주는 특별한 날짜에 따르는 것이 아니라 스스로 정한 특정한 목표 달성과 개인 소득의 변동에 따라 시간을 조정하도록 되어 있다. 사람마다 목표를 달성하고 소득에 변화가 일어나는 시각은 각자 다르기 때문이다.

또한 나는 모든 사람이 다 쓰고 죽는 철학의 자유를 경험할 수 있기를 바란다. 따라서 우리의 계획은 나이나 상황에 관계없이 모두에게 적용될 수 있다.

만일 자신의 목표를 달성하거나 어떤 기준에 도달하면, 나이나 상황에 관계없이 다음 단계로 전진할 수 있다. 목표를 달성하지 못하면 나이와는 상관없이 다시 돌아갈 수도 있다. 새로운 단계로 넘어갈 수 있는 기준에 아직 도달하지 못하면, 나이에 관계없이 좀더 기다리면 된다.

이 계획은 인생이라는 여행을 위한 약도에 지나지 않는다. 사람마다 서로 다른 것처럼 각자의 계획에도 차이가 있을 수 있다. 그리고 이것은 약도인 만큼 구체적이지 않다. 하지만 걱정할 필요는 없다. 2부에서 '다 쓰고 죽기'로 결정한 사람들이 과거와는 다르게 접근할 필요가 있는 문제들에 대해 좀더 자세히 설명하겠다.

목표나 단계 등의 이야기들이 다소 혼란스럽게 느껴질 수도 있다. 그러면 이야기가 빗나가기 전에 이제 본격적으로 인생의 보람찬 여행을 위해 '다 쓰고 죽는' 계획을 세워보기로 하자.

1단계: 기본 준비

자신의 경제력에 맞추어 덜하지도 더하지도 않게 살고자 할 때의 단점이라면 돈을 비축해 둔 사람보다 다소의 모험을 감수해야 한다는 것이다. 하지만 장점은 스스로 자신에게 맞는 여행을 준비함으로써 모든 위험을 피할 수 있다는 것이다. 그러므로 '다 쓰고 죽기'를 실천하기 전에 우선 기본적으로 필요한 것들을 갖추어야 한다.

우선 3개월간의 청구서 대금을 지불할 수 있을 만한 충분한 현금을 확보해 놓자. 이것은 당신이 죽거나 병이 들 경우에 대비한 비상금이다.

이 돈은 3단계의 정기 예금(2부에서 다시 설명)에 넣어두어야 한다. 더 이상 어떤 직장도 안전하지 않은 요즘에는 무엇보다 비상금이 가장 필요하다.

다음에는 충분한 불구소득보험과 생명보험에 가입하자. 일찍 불구가 되는 것이 죽는 것보다 확률이 더 높기 때문에 불구소득보험에 우선적으로 가입해야 한다.

건강보험은 의료비 부담을 충분히 보상받을 수 있는 정도로만 가입하고 필요 이상으로 보험료를 내지 않도록 한다.

그리고 새 이력서를 작성해서 지금 당장 일자리를 알아보자. "일은 일에 지나지 않는다"는 생각으로 좀더 연봉이 높은 직장을 알아보는 것은 언제라도 가능한 일이다. 끊임없이 새 일자리를 알아보는 것은 21세기 안전망의 일부다.

비상금을 확보해 두고, 적절한 보험에 가입하고, 직장을 알아보고 있다면, 이제 신용카드를 버리고 대신 현금으로 지불하자.

모든 비용을 점검해 보고 최대한 지출을 줄인다. 그렇게 해서 절약한 돈은 처음에는 보험으로 들어갈 테지만, 얼마 동안 현금으로 지불하라는 격언에 따라 지내다 보면 조금씩 여유 자금이 생기기 시작할 것이다. 그 여유 자금을 제2단계를 위해 실세금리예금에 넣어둔다.

결혼을 할 계획이라면 혼전 계약을 고려해 보자. 아니면 동거를 공식화하는 절차를 밟아둘 수도 있다. 어떤 경우든, 건강 관리 대리권과 생명 유언을 준비해 둔다. 두 사람이 함께 법률사무소에 간 김에 유언장도 함께 작성한다.

자녀가 있다면 그들이 글자를 배우기 시작할 때부터 되도록 일찍 '다 쓰고 죽는' 방법을 가르쳐라. 스스로 독립할 능력이 없는 아이가 있다면 당신과 배우자가 둘 다 죽은 후에 아이를 보호할 수 있는 부부사후보상보험에 가입하라.

당신과 배우자가 이 모든 방법들을 실천하게 되면, 마지막으로 두 사람이 어떤 장례식을 원하는지에 대한 서류를 작성하고 서명한다. 아직은 장례 비용을 어떻게 지불할지 걱정하지 않아도 된다. 단지 자신의 바람을 기억하고 있으면 된다.

이렇게 해서 기본 준비를 완전히 끝내고 실세금리예금에 돈을 어느 정도 저축했으면 2단계로 옮겨간다.

2단계: 투자하기

우선 훌륭한 재무설계사를 찾아간다. 그가 당신의 나머지 여행을 안내해 줄 것이다. 그에게 "다 쓰고 죽어라" 철학을 설명하고 나서, 당신은 은퇴를 하지 않을 것이며 이전 세대들보다 훨씬 더 오래 살 것이라는 점을 염두에 두고 나이와 위험 부담 성향에 맞는 자산 운용에 대해 상의한다.

다 쓰고 죽기로 한 당신은 아마 위험 부담이 적은 뮤추얼 펀드를 이용하는 주식 투자에 마음이 끌릴 것이다. 은퇴를 하지 않는다고 해도 세금거치식연금에 투자할 수 있는 기회가 있으면 놓치지 말자.

가능한 한 많은 돈을 저축하고 투자하라. 몇 년 후에는 오히려 저축하는 생활이 즐거워지기 시작할 것이므로 너무 초조하게 생각할 필요는 없다.

그리고 내 집 마련 계획을 세운다. 남은 여생을 어떤 집에서 살고 싶은가? 적어도 당신이 꿈꾼 집을 살 여유가 생길 때까지 기다리자.

일단 집을 샀으면 적절한 주택소유주보험에 가입하고, 필요하다면 홍수보험과 지진보험에 별도로 가입하라. 또한 배상책임보험도 고려해 보자.

당신은 살아가면서 소득을 늘이기 위해 계속해서 일자리를 알아보아야 필요를 느끼게 될 것이다. 그러다가 자신의 수입이 정점에 달했다고 생각되면 이제 3단계로 들어갈 준비가 된 것이다.

언제가 정점인지는 정확히 알 수 없다. 그러나 회사원이라면 자신의 직종과 직업에 대한 정보로 미루어 어느 정도 짐작할 수 있을 것이다.

연봉이 오르거나 다른 곳으로 직장을 옮기면 분명 소득이 증가하지만, 어느 시점에 이르면 예전처럼 많은 돈을 받을 수는 없을 것이다. 그러면 그때 정점에 이르렀다는 것을 스스로 알 수 있을 것이다.

자영업자라면 그 시점이 자신의 내면에 달려 있기 때문에 알기가 다소 어렵다. 일에 대한 흥미나 열정이 식어버리는 느낌이 드는가? 수입이 늘어나지 않지만 더 이상 고민하지 않는가?

그러다가 다른 사업을 구상하거나 새로운 방향을 모색하면서 흥분하거나 즐거워하는가? 그렇다면 당신은 아마 정점에 이르렀을지도 모른다.

3단계: 인생의 정점에서 여행 계획하기

다 쓰고 죽기로 결심한 당신의 소득이 정점에 이르면 거기서 전망을 즐기는 여유를 갖도록 하라. 지금은 인생의 여행에서 전환점이지만 서두를 필요는 없다. 좀더 적극적인 자산 운용 공식에 맞추어 투자 포트폴리오에 돈을 계속해서 넣어두도록 하라. 그리고 어느 정도의 소비에 대해 너무 인색하게 굴 필요는 없다.

이제는 가족이 함께 유럽 여행을 가거나, 주말 농장이나 여름 별장을 장만하는 것도 생각해 본다. 주택 보수, 개조, 증축을 위한 주택담보대출을 이용해서 자신의 꿈에 맞게 집을 꾸밀 수도 있을 것이다.

자녀들이 집을 사거나 사업을 시작할 수 있도록 증여를 할 수도 있다. 아니면 자녀들에게 경험을 넓힐 수 있는 기회를 만들어줄 수도 있다. 딸 부부와 함께 버진아일랜드로 여행을 갈 수도 있고, 휴가 때 집에 오라고 비행기 요금을 보내주거나, 아니면 그들이 휴가를 보내는 동안 보모에게 아이를 맡기는 비용을 대줄 수도 있다.

그 선택은 당신에게 달려 있다. 다만 다 쓰고 죽는다는 것을 기억하라. 알뜰하게 살되, 단 자신의 생활 수준이나 기쁨을 희생하지는 말라.

그리고 일자리를 계속 알아보는 것을 잊지 말자. 그것은 시장에서의 당신의 가치가 떨어지기 시작하는 시점에서 더욱 중요하다. 이제 4단계로 넘어갈 차례다.

4단계: 평생 수입원 만들기

'다 쓰고 죽기'로 작정한 사람들이 오랫동안 저축하고 투자해온 보람을 느끼는 시기가 바로 이때다. 이제 재산을 유지하기보다 평생의 수입원으로 바꾸는 방법을 궁리하게 된다. 가계 재무설계사의 도움을 받아서 재산을 점차 연금으로 바꾸는 계획을 세우자. 그렇게 하면 근로소득이 감소하는 만큼 불로소득으로 대신해서 생활수준을 유지할 수 있다.

부디 일을 할 수 있을 동안 계속하도록 하자.

한편 65세가 되면 자격이 주어지는 모든 제도적인 혜택을 이용하자. 사회보장 제도에 대해서도 알아보고, 또 장기치료보험과 장례비 지급에 대해서도 생각해야 할 때다.

증여 문제도 다시 검토해 보자. 만일 증여할 경제적인 여유가 있다면, 지금 하라. 만일 그렇지 않다면, 다른 방식으로 아이들에게 도움을 주는 것으로 만족해야 한다. 당신이 일을 완전히 중단하고 싶다거나 그럴 필요가 있다고 느끼면, 이제 5단계로 들어갈 차례다.

5단계: 다 쓰고 죽기

근로소득이 없어지고 나면 다 쓰고 죽기로 한 당신은 자신의 재산으로부터 가능한 모든 이득을 취하면서 살아야 한다.

지금까지 했던 저축과 투자를 완전히 연금 형태로 바꾸는 방법으로는 자선신탁이 있다. 또한 마지막으로 남게 되는 재산을 최대한 이용하는 역모기지를 신청하라.

그리고 증여와 소비를 계속하면서 마지막 미지불 청구서를 해결할 만큼의 돈만 남기도록 하라. 아직 시작하지 않았다면, 이제라도 자녀들에게 비과세 한도 내에서 증여를 하거나 손자의 대학 등록금을 도와줄 수 있다. 아직 장례 비용을 선불하지 않았다면 종신보험에 가입하라. 이렇게 마지막 준비를 끝내면 당신은 뒤로 물러나서 남은 여생을 편안히 즐기기만 하면 된다.

후회없는 인생을 설계하라

위의 실천 계획을 당신 자신의 인생에 적용할 때 다음 세 가지를 염두에 두면 도움이 될 것이다.

첫째, 성공적으로 '다 쓰고 죽을' 수 있는 비결 중에 하나는 당신이 갖고 있는 위험 부담을 다른 사람들과 함께 나누는 것이다. 가능하면 보험에 가입하고 뮤추얼 펀드에 투자하라고 권하는 이유도 그 때문이다. 만일 당신이 이 책에서 내가 특별히 소개하지 않은 위험에 직면하는 일이 생기면, 그것을 다른 사람과 함께 나눌 수 있는 방법을 찾아보기 바란다.

둘째, '다 쓰고 죽기'로 한 당신은 항상 잔액보다는 수입에 초점을 맞추어야 한다. 다른 사람들은 통장 잔액에 초점을 맞출지 모르지만 우리는 자신의 수입, 지출, 그리고 자산 운용에 관심을 가져야 한다. '다 쓰고 죽기'로 한 사람들은 단지 잔액을 늘이는 것이 아니라 재산을 증식해서 좀더 많은 불로 소득원으로 바꿀 줄 알아야 한다. 그러다가 죽을 때는 잔액이 제로가 되도록 하면 된다.

셋째, 우리는 각자 다른 길을 걷고 있다는 것을 기억하라. 하지만 '다 쓰고 죽기'로 한 우리들의 바람은 모두 한결같다. 인생은 경주나 경연이 아니다. 다른 사람들과 비교해서 자신을 판단하는 것이 아니라 스스로 판단해야 한다.

우리가 할 수 있는 일은 최선을 다하는 것이며, 그것이 우리가 사랑하는 사람들을 위해 할 수 있는 일이다. '다 쓰고 죽기'로 한 사람들은 각자 저마다 다른 패를 손에 쥐고 있다. 최선을 다해서 자신의 카드로 승부를 걸 뿐이다.

우리의 최종 목표는 마지막 날에 자신의 인생을 후회 없이 돌아보면서 이제까지 보냈던 시간에 대해 감사하는 것이다. 자신에게 충실한 삶을 살았노라고 말할 수 있어야 한다. 사랑하는 사람들은 우리의 존재를, 우리가 그들을 위해 해준 일을, 그리고 살아 있는 동안 함께 지낸 시간들을 기억할 것이다. 그것은 눈에 보이지는 않지만 그들에게 그 무엇보다 소중한 유산이 될 것이다.

2부

DIE BROKE
다 쓰고 죽기 위한 실전 재무설계

DIE BROKE 09

신세계 이주민을 위한 실천 지침

어떤 의견을 수긍하고 이해하는 것과 그것을 실천하는 것은 별개의 일이다. "다 쓰고 죽어라"는 말처럼 파격적인 경우는 더욱 그렇다. 자산 관리에 대한 훌륭한 책이 많긴 하지만, 모두가 옛날 규칙에만 근거하고 있기 때문에 현실적으로 도움이 되지 않는다.

내 고객들은 궁금한 문제가 생기면 전화를 걸어 자문을 구한다. 하지만 여러분은 고객이 아니라 독자다. 그러니 이 기회에 여러분의 낡은 경제 관념을 완전히 바꾸어놓기 위해서는 좀더 실용적인 조언이 필요할 것 같다.

그래서 이 책의 2부에서는 직업과 경제에 관한 주제들로 다양하게 엮어 실전에서 응용이 가능한 재무설계 방법을 소개할 것이다. 여러분이 다 쓰고 죽는 철학을 따르기로 마음을 먹었다면, 우선 지금까지와는 다른 관점에서 접근해야 할 문제들이나 좀더 신중하게 고려해 볼 문제들을 소개했다. 여기서 다루지 않는 주제가 있다면 신문의 칼럼이나 경제 잡지에서 추천하는 대세를 따르면 된다.

예를 들어 현물, 옵션, 선물환, 파생 상품, 귀금속 등의 투자에 대해서는 설명하지 않았는데, 그것은 그런 것들에 대해서 내가 할 수 있는 충고가 다른 성실한 가계 재무설계사들과 그다지 다를 것이 없기 때문이다. 전문적인 투자가가 아니라면 그런 것들은 잊어버려도 된다.

마찬가지로, 어떤 내용은 다른 가계 재무에 관한 책에 나오는 것만큼 자세하지 못할 수도 있다. 예를 들면, 나는 담보를 신청하는 방법에 대해서도 많은 지면을 할애하지 않을 것이다. 그러한 정보는 다른 좋은 자료에서 얻을 수 있으므로 여기서 더 이상 다룰 필요는 없을 것이다.

대신 내가 담보에 대해 다 쓰고 죽자는 관점을 제공하면, 여러분 스스로 다른 곳에서 얻은 예비 지식이나 참고 자료에 그 관점을 적용할 수 있을 것이다. 물론 연금보험이나 역모기지처럼 다른 곳에서 정보를 쉽사리 구할 수 없는 부분에 대해서는 좀더 설명할 것이다.

각 항목의 내용은 내가 고객과 전화 대화를 나누는 것처럼—일방적이기는 하지만—쓰려고 했다. 예를 들어, 당신이 내 고객이라면 전화를 해서 이렇게 물었을 것이다.

"스테판, 생명보험은 어떻게 들어야 하죠?"

그 대답이 2부에 실려 있다. 내 직업은 시간당 상담료를 청구하기 때문에 나는 되도록 알찬 정보를 고객에게 제공하려고 최선을 다한다.

DIE BROKE 10

카드를 사용하지 말라

현금카드

현금을 찾기 위해 은행에서 전표를 써본 것이 언제였던가? 대부분의 내 고객들과 마찬가지로 당신도 아마 꽤 오래 전 일일 것이다. 이제 현금 지급기는 어디에서나 사용할 수 있다. 은행은 물론이고 편의점, 상가, 고속도로 휴게실, 병원 등에서 21세기의 이 무지막지한 강도를 만날 수 있게 되었다.

물론 나는 이 기계가 신용카드를 거부하고 언제나 현금으로 지불하는 사람들에게 유용하게 쓰일 수 있다는 점을 인정한다.

또한 해외에서 돈을 쉽게 구할 수 있는 최선의 방법이기도 하다. 자동차 안에서 휴대전화를 사용하듯이 현금 지급기를 현명하게 사용하면 훌륭한 비상 수단이 될 수 있다. 그러나 휴대전화와 마찬가지로 현금 지급기를 절제해서 이용하는 것은 쉽지 않다.

내 고객들은 대부분 매달 지출하는 돈의 30퍼센트 정도를 어디에 썼는지 잘 기억하지 못한다. 그 이유 중 하나는 현금 지급기 덕분에 언제 어디서라도 현금을 구하기가 쉬워졌기 때문이다.

현금 지급기가 도처에 생기기 전 사람들은 매주 직접 은행까지 가서 필요한 액수의 현금을 인출하곤 했다. 점심 시간에 은행에 가서 길게 줄을 서서 기다리는 것도 고통이었다. 그러나 그러한 고통은 자신이 돈을 어디에 얼마나 쓰는지 알게 해주었다.

그러한 '고통'을 1주일에 한 번 이상 겪고 싶지 않으면 다음 1주일 동안 필요한 현금이 얼마나 되는지 알아야 했다. 그리고 계획하지 않은 일에 돈을 쓰기가 망설여졌다. 다시 은행에 가고 싶지 않으니까.

현금카드가 있으면 은행에 가서 기다릴 필요도 없고, 은행 영업 시간에 신경 쓸 필요도 없다. 언제 어디서나 돈을 찾을 수 있다. 이러한 편리함이 훨씬 쉽게 돈을 소비하도록 만들었다. 우리는 소비에 무감각해진 것이다.

밤에 외출해서 친구들과 함께 영화를 보고 나니 커피라도 한잔 마시고 싶은데, 불행히도 현금이 넉넉하지도 않다. 그러나 걱정할 건 없다. 모퉁이를 돌아가면 현금 지급기가 있다. 카드를 넣고 비밀 번호를 누르면 선택 화면이 뜬다. 번호를 여러 번 누를 것도 없이 100달러라고 적혀 있는 칸을 선택한다. 친구들이 기다리고 있으므로 되도록 빨리 처리한다. 20달러 정도면 되겠지만 100달러를 꺼내면서 당신은 돈을 절약했다고 생각한다. 왜냐하면 거래 은행이 아니어서 수수료가 1달러이기 때문이다. 20달러만 꺼내면 수수료가 5퍼센트지만 100달러를 꺼냈으니 1퍼센트밖에 되지 않는 셈이다.

자, 이제부터는 지갑에서 현금카드를 꺼내 집에 두고 다니도록 하자. 꺼내기 힘든 장소에 넣어둘 것까지는 없어도 정말 돈이 필요한지 다시 한 번 생각해 볼 수 있도록 금방 눈에 띄지 않는 장소에 두자. 나는 현금카드를 여행 가방에 보관한다.

현금이 필요할 때는? 예전으로 돌아가라. 1주일 동안 돈이 얼마나 필요할지를 계산해 보고 은행에 가서 돈을 찾는다. 반복해서 말하지만, 필요하지 않은 비상금은 준비하지 말라. 정 급하면 비상용 신용카드를 이용하면 된다. 밖에서 커피를 마시고 싶어도 하는 수 없다. 어차피 카페인은 건강에도 좋지 않다.

신용카드

지금 당신의 지갑에 현금이 얼마나 들어 있는지 아는가? 아마 잘 모를 것이다. 어떻게 자기 호주머니의 내용물에 대해 이다지도 무관심할 수 있을까? 그것은 바로 지갑에 신용카드가 있기 때문이다. 이 마법의 플라스틱 카드만 있으면 현금이 얼마나 있는지 신경 쓸 필요가 없다.

당신도 내 고객들과 마찬가지라면 비자카드, 마스터카드, 오일카드, 이런저런 백화점 카드가 들어 있을 것이다. 그리고 조간신문, 출근하는 길에 마시는 커피, 간단한 점심 식사를 해결할 수 있을 정도의 현금밖에 없을 것이다. 그 이외의 모든 것은 신용카드가 현금을 대신해 준다.

이 책의 1부를 읽은 여러분은 이러한 편리함에 대해 우리가 얼마나 큰 대가를 치르고 있는지를 알 것이다. 미국 파산처리국에 따르면 개인 파산의 90퍼센트가 지나친 신용카드 부채 때문이라고 한다. 당연히 연체율 역시 그만큼 올라갔다. 그런데도 어떻게 평균 미국인이 아직도 1년에 스무 개의 카드를, 그것도 대부분 사전 동의를 하고 발급받는지 이해할 수 없는 일이다.

직불카드

얼마나 세월이 변했는지. 신용카드를 사용하지 않는 현명한 사람들을 위해 이 새로운 세계에는 직불카드라는 장치가 마련되어 있다.

직불카드는 신용카드와 똑같이 생긴데다가 마찬가지로 어디서나 사용할 수 있다. 차이가 있다면 물건을 살 때 자동적으로 외상을 해주는 것이 아니라 정해진 은행 구좌에서 물건값이 빠진다는 것이다. 현금이 부족하거나 신용카드나 개인 수표를 받지 않는 곳에서 편리하게 사용할 수 있다.

그런데 직불카드는 돈이 구좌에서 즉시 빠져나가므로 30일 간의 이자를 벌 수 있는 신용카드를 사용하는 것이 더 유리하다. 그러나 어쩔 수 없는 경우도 있다. 직불카드를 사용해야 할 때는 영수증을 보관해서 잔고를 확인하는 것을 잊지 말자.

대부분의 은행들은 수수료 없이 직불카드를 한 개 이상의 구좌에 연결해 준다. 불행히도, 이 직불카드로 현금 지급기에서 현금을 찾거나 계좌간 이체도 할 수 있다. 그러한 유혹을 이겨낼 준비를 하고, 비상시에 신용카드를 받지 않을 경우를 대비해서 지갑에 넣어두자.

새로운 경제 시대의 소비 패턴

신용카드는 현재의 소비 위주 사회를 성공적으로 이끌어가는 기본 요소다. 덕분에 수월하게 돈을 빌려서 쓸 수 있게 되었다. 또한 우리가 돈을 쓰는 것이 국가 경제를 위해서도 바람직하다. 대충 이런 것들이 신용카드가 주장하는 메시지다.

그러나 이러한 메시지를 계속해서 받아들이는 것은 정신나간 짓이다. 소비 산업과 금융업, 파산 관리 전문 변호사를 위해서는 좋은 일이 될 수 있겠지만 우리에게는 결코 바람직하지 못하다. 우리가 저축과 투자로 재산을 증식할 수 있는 능력이 외상 거래로 의해 무력화되고 있기 때문이다.

신용카드는 분명 다음과 같은 장점이 있다.
- 비상시에 무제한 사용이 가능하다.
- 30일 간의 무이자 신용 거래로 청구서를 지불할 자금을 마련하거나 회사 비용 처리를 할 수 있을 만큼 시간이 있다.
- 우편, 전화, 또는 온라인으로 상품을 주문할 때 발생하는 문제로부터 고객을 보호해 준다.
- 비행기표를 사고, 호텔을 예약하고, 자동차를 임대할 때 카드를 이용하면 편리하다.

물론 이러한 장점들을 이용하기 위해서는 연회비를 지불해야 한다. 가장 단순한 형태의 신용카드는 연회비가 50달러 미만이다. 그 정도면 우리가 받는 도움에 대해 어느 정도 정당한 가격이라고 할 수 있다.

그러나 허영심에서 골드카드처럼 연회비가 비싼 카드를 선택하지는 말기 바란다. 물론 그만한 '특권'이 주어지겠지만, 추가된 비용만큼의 가치는 없을 것이다.

신용카드는 우리가 개인 경제를 보호하기 위해 싸워야 하는 가장 큰 적이다. 신용카드 덕분에 이득을 보는 세력들은 당신을 빌려

쓰는 생활 방식에 계속 잡아두기 위해 온갖 수단을 동원할 것이다. 우리는 이 전쟁에서 신용카드의 유혹을 극복하고 저축하고 투자하는 생활 방식으로 바꾸어야 한다. 그러기 위해 맨 먼저 해야 할 일은 신용카드 사용을 중단하는 것이다.

어떤 중독과 마찬가지로 우리는 신용카드 사용의 편리함에 중독된 나머지 거기에서 헤어나지 못하고 있다. 이제 다음 세 단계의 신용카드 버리기 전략을 따라해 보자.

'이제 카드는 그만!' 이라고 말하자

생각난 김에 지금 바로 당신과 배우자의 지갑에서 신용카드를 모두 꺼내라. 비자, 마스터, 옵티마, 주유 할인, 백화점카드 등. 그 중에서 이자율과 수수료가 가장 낮은 카드 하나만 지갑에 남겨 두어라. 예금 구좌에서 자동적으로 구매액이 빠져나가는 직불카드가 있다면 역시 하나만 보관해 두자. 그리고 나머지 카드는 모두 찾기 힘든 장소에 넣어놓는다.

보험증권을 보관하는 내화성 상자나 은행의 안전 금고, 또는 지나간 세금 영수증을 보관하는 지하실 상자라도 좋다. 이 순간부터 물건을 살 때는 신용카드 대신 현금으로 지불하라.

필요한 만큼 현금을 준비하라

1주일 동안 얼마의 돈이 필요한지 계산해 보자. 신문, 커피, 간단한 점심 식사처럼 작은 지출까지 모두 포함시킨다. 만일 출퇴근하면서 카드로 차에 주유를 한다면, 1주일 간의 기름값까지 넉넉하게 현금으로 준비하자. 모두 합산한 금액을 통장에서 현금으로 찾은 다음 지갑에 넣어둔다.

새로 시작하자

그럼 이제 당신은 그 많은 신용카드에서 해방되었다. 지금부터 어떻게 하면 될까?

매주 초 은행에 가서 1주일 동안 필요한 만큼의 현금을 인출하자. 비상금은 생각하지 말자. 주머니에 돈이 있으면 쓰기 마련이다.

현금이 없는 경우에 대비해서 비자나 마스터카드 겸용의 신용카드 하나와 직불카드를 지갑에 넣어둔다. 신용카드는 30일의 무이자 혜택이 있다. 직불카드는 구좌에서 즉시 돈이 빠지기는 하지만, 신용카드를 받지 않는 곳에서 사용할 수 있다.

하나 남은 신용카드나 직불카드로 흥청망청 쓰게 될까 봐 걱정할 필요는 없다. 내 경험에 비추어볼 때 1개월 후면 새로운 소비습관이 몸에 밸 것이다.

월요일에 최신형 휴대전화를 보고 그것을 사게 될지도 모른다. 다음 주 수요일에는 옷을 사러 할인 매장으로 달려가고, 금요일에는 레스토랑에 가서 외식을 할지도 모른다. 그러나 월말에 청구서가 나오면 전액을 지불해야 한다. 흥청망청 쓴 돈이 구좌에서 한꺼번에 빠져나가는 것을 보면 정신이 들고 현실감이 생길 것이다.

현금과 신용카드와 직불카드 각각 한 개, 그리고 무엇보다도 현금으로 지불하려는 마음만 있으면 일상적인 소비에서 중요한 비상 지출까지 해결할 수 있는 준비가 된 것이다.

주거래 은행을 만들어라

한때는 사람들이 거래 은행의 직원들을 알고 지내던 시절이 있었다. 내가 처음 롱아일랜드의 한산한 마을에서 개업 했을 때, 사무실 맞은 편에 은행이 있었다. 첫날 아침 8시경에 사무실에 도착해서 문을 열려고 할 때 길 건너편에서 은행장 역시 문을 열고 있는 것을 보았다. 그는 나에게 손을 흔들며 웃어 보였다. 그날 오후 그는 환영 인사를 하려고 내 사무실로 찾아왔다.

그동안 세상이 얼마나 변했는지! 요즘은 사람들이 은행을 선택할 때 생각하는 첫 번째 조건은 그 은행의 현금 지급기가 어디에 얼마나 많이 있는가 하는 것이다.

그러나 이제 우리는 이러한 추세에 맞서 싸울 수 있는 자세가 되어 있다. 현금 지급기는 잊어버리자. 대신 1주일에 한 번 은행에 가서 사람들을 만나자. 우리에게 필요한 은행은 내가 처음 개업했던 사무실 건너편에 있던 은행처럼 당신이 누구인지 알고 고객 대우를 해주는 그런 곳이다.

DIE BROKE 11

현재의 일자리에
안주하지 말라

21세기의 취업 전략

대부분의 사람들은 직장 구하는 일이 무척 힘들고 두렵다고 생각한다. 그 이유는 자기가 하는 일이 자신의 정체성과 인간으로서의 가치를 정의한다고 생각하기 때문이다. 새로운 직장을 구하면서 사람들은 누군가 자기 자신과 자신의 가치를 재확인해 주길 바라는 것이다.

더욱 상황을 어렵게 만드는 것은 대부분의 사람들이 직장에서 해고되거나 자리가 위태롭다는 것을 깨달을 때까지 새로운 일자리를 찾지 않는다는 사실이다. 그래서 결국 파멸과 좌절이라는 절망 속에서 직장을 구하게 된다. 당신은 그보다 현명해야 한다.

당신은 이미 일은 단순히 일에 불과하며, 일에서 가장 중요한 것은 우리가 받는 돈이라는 것을 알고 있다. 다 쓰고 죽기로 한 사람은 새로운 직장을 찾을 때 새로운 자아나 개인의 가치 확인을 바라는 것이 아니라 좀더 많은 돈을 원한다.

또한 위험 신호가 떨어진 후에야 다음 직장을 찾는 것이 아니라 늘 직장이 불안하다는 것을 알고 한참 후에야 비로소 다음 일을 찾는다. 그래서 양쪽을 볼 수 있는 시각을 갖게 된다.

즉 현재의 직장과 미래의 전망에 동시에 초점을 맞추고 있는 것이다. 이러한 태도로 보면 세상이 완전히 달라진다. 겁먹은 수동적인 자세에서 벗어나면 직장 구하기가 흥미진진하고 사전에 준비하는 일이 될 수 있다.

대부분의 사람들은 직장을 구할 때 자신을 사냥감으로 생각한다. 그러나 우리는 새로운 직장을 찾을 때 자신이 사냥꾼이 되어서 자신감을 갖고 단 한 가지, 즉 더 많은 돈을 찾으러 숲을 헤치고 나가야 한다. 그리고 의외로 우리가 구하는 것은 사실 가장 쉬운 목표다.

사람들은 일반적으로 승진의 기회나 정신적인 만족과 같은 주관적이며 불확실한 목표를 갖고 있다. 그런 것들은 직장을 바꾼다고 해서 자동적으로 따라오지 않는다. 더구나 만일 목표가 안정된 직장이라면 전혀 가망성이 없는 바람이다. 이미 직장에서 쫓겨난 사람들은 돈에 관심을 둘 수 없다. 그래서 보수를 내세우기보다는 돈을 덜 받더라도 아무 일이나 하려고 한다.

당신은 확실하고 분명한 목표, 즉 더 많은 돈이라는 목표를 갖고 있다. 그것은 직장을 옮기면 자동적으로 따라오게 되어 있다. 새 직장에 가서 자신의 능력과 기술과 성과에 대해 이야기하라. 여러분은 무한한 잠재력을 갖고 있으며 고용주가 원하는 바로 그런 사람이다. 그는 당신을 자기 배에 태우고 싶어 한다.

그러기 위해서는 지금 당신이 받고 있는 것보다 더 많은 돈을 주어야 할 것이다. 그것이 당신의 우선적인 목표다.

당신의 목표는 아주 쉽게 손에 들어오기 때문에 웅대한 전략을 세우느라 시간을 낭비할 필요는 없다. 단지 사냥 기술을 좀더 연마하면 된다.

새로운 환경에 적응할 준비를 하라

대부분의 대기업들은 직원을 늘이기보다는 감축하는 추세다. 이제 중소기업이나 새로 들어온 외국 회사를 찾아보는 것이 좋다.

그렇다면 새로운 근무 환경에 적응할 준비가 되어 있어야 한다. 부서라기보다는 팀의 일원으로 일해야 할 수도 있다. 상관이 내국인 남성이 아닐 수도 있다. 또 컴퓨터와 함께 일해야 할 수도 있고, 자택 근무를 하면서 당신의 침실이 사무실이 될 수도 있다. 아니면 혼자 일하거나 밖에 나가서 하는 일이 될 수도 있다.

직장 내에서는 비밀로 하라

분명, 당신이 만나는 사람들은 당신이 다른 직장을 찾고 있다는 것을 눈치 챌 것이다. 그리고 이리저리 끊임없이 돌아다니다 보면 많은 사람들을 만나게 된다. 그러나 소문을 내는 것은 그들이 아니다. 당신이 걱정해야 하는 사람들은 현재 직장에서 함께 일하는 동료들이다.

그들은 당신의 위치를 불안하게 만들어서 자신에게 도움이 된다고 생각하면 상관에게 가서 고자질을 할 것이다. 그리고 만일 상관이 당신이 다른 일자리를 찾고 있다는 사실을 알게 되면 당신이 아무리 "다 쓰고 죽어라"는 철학을 설명해도 소용이 없다.

당신의 이름은 곧 다음 해고자 명단의 맨 앞자리에 올라갈 것이다. 그리고 '불충(不忠)'이라는 낙인이 찍힐 것이다. 웃기는 일이다. 왜냐하면 충성이란 것이 일방적인 것도 아니고 고용주도 당신에게 아무것도 해주지 않기 때문이다. 하지만 어쨌든 이것이 현실이다.

그러므로 다른 일자리를 찾고 있다는 것은 되도록 동료들에게는 숨겨야 한다. 평소에는 청바지에 운동화 차림으로 다니다가 면접을 보기 위해 정장 차림으로 나타나지 말라. 사무실 밖에서 옷을 갈아입을 지라도 말이다.

그리고 병가를 너무 많이 내거나 지각이나 조퇴가 잦아서도 안 된다. 대부분의 회사는 근무 시간 전후에도 기꺼이 면접을 해줄 것이다. 만약 그것이 불가능하다면 점심 시간을 이용하라. 반드시 근무 시간에 면접을 해야 한다면 하루 날을 잡아서 한 건 이상의 면접 시간표를 짜보도록 하라.

또한 직장을 구하는 일에 관련된 모든 전화나 서신은 집으로 오게 하라. 그러므로 자동 응답기에는 사무적인 인사로 녹음해 놓도록 하자.

현장에서 뛰어라

새로운 직장을 구하면서 신문 광고에만 의지할 수는 없다. 그것은 앉아서 낚시를 하는 것이지 사냥을 나가는 것이 아니다. 멀찌감치 미끼를 던져둔 채 가만히 앉아서 큰 것이 물리기만을 바라는 것이다(인터넷을 이용하는 것은 더욱 가망성이 없다. 그것은 사냥이 아닌 낚시일 뿐더러 저수지가 아닌 태평양에 미끼를 던지는 것이다). 그런 전략은 자포자기한 전통주의자들에게나 맡겨두라.

직업소개소나 헤드헌터에게 의존하는 것도 역시 희망이 없다. 그것은 마치 당신 가족이 먹을 음식을 사냥하면서 다른 사람에게 의지하는 것과 같다. 어쩌다가 찌꺼기가 돌아올지는 모르지만 좋은 자리는 자기들이 다 챙긴다.

일자리의 70퍼센트 이상은 개인적인 만남을 통해서 채워진다. 그러므로 사람들을 많이 만날수록 새로운 직장을 더 빨리 구할 수 있다. 평소에 모든 개인적이며 업무적인 만남을 통해 사람들에게 당신이 언제라도 사람들과 만나 '취업 문제를 상의할' 수 있다는 것을 인식시켜라. 그러다 보면 점점 인맥을 넓힐 수 있다. 이렇게 계속하다 보면 더 많은 돈을 받을 수 있는 직장을 바로 찾을 수 있을 것이다.

만나는 사람들이 지리적으로 한정되어 있고 직종이 다양하지 못하다고 해도 걱정할 필요는 없다. 인맥은 대여섯 부류로 나누어진다고 보면 정확하다.

거의 모든 사람은 그 정도 부류의 다른 사람들과 연결되어 있다. 그러나 인맥을 자신이 일하는 일터에만 제한하면 아마 절반밖에 되지 않을 것이다.

또한 당신이 사람들을 억지로 끌어내서 만나는 것처럼 느낄 필요는 없다. 그것은 무언의 주고받기이다. 살다 보면 언젠가 그들로부터 전화를 받게 될 것이다. 특히 다 쓰고 죽기로 한 사람들로부터 연락이 올 것이다.

새로운 숲을 찾아 나서자

타성에 젖은 사람들은 직종을 변경할 때 수동적이다. 자신이 일하는 직종의 다른 회사 역시 감원을 계획 중이어서 비슷한 일자리를 구할 수 없기 때문에 하는 수 없이 다른 직종으로 방향을 돌리는 식이다.

그러나 여러분은 자신의 영역을 넓히면서 사전 준비를 하고 좀 더 많은 소득을 위해 다른 직종을 찾아야 한다. 지금까지 살던 숲에는 더 이상 사냥감이 없기 때문에 마지못해 새로운 숲으로 사냥을 나가는 것이 아니라 지금보다 나은 사냥감을 찾아 나서는 것이다. 따라서 절박하지 않기 때문에 더 좋은 먹이를 구할 수 있는 기회가 그만큼 많아진다.

최고의 사냥터는 어디일까? 글쎄, 그 대답을 하기 위해 미래를 예언할 필요까지는 없다. 그냥 주변 세상을 한번 둘러보라.

텔레비전에서 활동적인 노년층을 위한 광고가 늘어나는 것을 알고 있는가? 앞으로 10년 후면 50세 이상의 인구가 6,500만에서 9,700만으로 50퍼센트 가량 증가할 것이다. 85세 이상의 노인들도 역시 전대미문의 숫자가 될 것이다. 그리고 그들 대부분은 경제력을 갖고 있다.

만일 돈이 없다면 아마 그렇게 오래 살지 못할 것이다. 따라서 앞으로는 나이 들고 풍족한 사람들을 대상으로 하는 사업이 잘될 것이다.

거울을 들여다보자. 아마 베이비붐 세대도 역시 늙어가고 있다는 증거를 직접 보게 될 것이다. 당신이 더 늙으면 어떤 종류의 상품과 서비스를 찾게 될지 스스로 생각해 보자. 그런 사업들이 역시 미래에는 유망할 것이다.

주말에 시내로 나가면 아장거리며 걷는 아기들이 많다고 생각되지 않는가? 그 이유는 1985년 이래 매년 출생하는 아이들의 숫자가 해마다 10만 명씩 증가해 왔기 때문이다. 1990년대의 출산율은 실제로 1950년대보다 높다.

미인구조사국은 2010년이 되면 전국의 미성년자 수가 10퍼센트 정도 늘어날 것으로 예상하고 있다. 그렇다면 분명 아이들을 대상으로 하는 사업들도 역시 잘될 것이다. 맞벌이 부부를 위한 사업도 마찬가지다. 아이들이 어렸을 때 상황이 어땠는지는 여러분이 더 잘 알 것이다. 그건 지금도 마찬가지다. 직장 여성의 60퍼센트 가량이 6세 미만의 아이들을 두고 있다.

사무실을 둘러보자. 비서직이나 문서 발송 부서, 홍보 관련 직원들이 없어지고 있는 사실에 대해 생각해 보았는가? 대부분의 회사는 핵심 기능을 제외하고는 모두 구조조정을 해서 최소한의 인원으로 축소하고 있다. 그래서 요즈음에는 다른 회사에 보조 서비스를 제공하는 사업이 잘 되고 있다.

인터넷에 대해 잘 아는가? 현재 어떤 종류의 사업이 주목을 받고 있는가? 그리고 앞으로의 전망은 어떠한가? 한 가지 분명한 것은 현재 인터넷 사업이 모든 직종에 영향을 주고 있다는 사실이다.

그렇다면 어떻게 아무 연줄이 없는 업종에 발을 들여놓을 수 있을까? 분명 그 첫 단계는 당신이 접촉하는 사람들이 거기에 연결될 수 있는지를 알아보는 것이다.

아마 몇 명은 찾을 수 있을 것이다. 하지만 직접 인맥을 만들기 위해서는 내가 소위 뒷문 출입이라고 부르는 방법이 효과적일 수 있다.

첫째, 근처에서 MBA 과정을 가르치는 대학을 알아보라. 그곳 경영학 도서실에 가서 도서관 사서에게 당신이 관심이 있는 직종과 관련된 경제 잡지의 제목을 물어보라.

그리고 손꼽히는 잡지 기자들과 신문사 경제부 기자들의 이름,

주소, 전화 번호를 파악하라. 그들의 이름과 함께 최근에 쟁점이 되고 있는 기사 내용에 대해 한두 가지 정도를 메모하라. 그리고 그 기자들에게 연락해서 그들이 하는 일에 대해 좀더 알고 싶다고 말하라. 그들의 기사를 인용하면서 그들이 하는 일에 찬사를 보내라.

그리고 점심 식사를 청해서 관심을 가진 분야에 대해 함께 이야기를 나누어 보라. 경제 잡지 기자들은 생각보다 제대로 대우도 받지 못하고 연봉도 높지 않다.

그러던 차에 자신을 알아주는 사람을 만났으므로 자기가 알고 있는 지식은 모두 말해 줄 것이다. 대신 당신은 몇 마디의 감사 인사와 근사한 음식을 대접하라.

둘째, 직업인 협회에 참여하라. 몇몇 협회에 참석해서 사람들과 어울리고 관심 있는 직종에서 일하는 다른 회원들의 이름을 알아보라. 이름을 알았으면 협회의 회원이라고 소개하고 상대방이 편리한 시간에 짧은 정보 면담을 가져라.

그들에게 취직 자리를 부탁할 필요는 없다. 대신 그 직종에 대해 함께 이야기할 다른 사람의 이름을 물어보라. 다시 그 새로운 사람에게 전화해서 같은 과정을 되풀이하라.

이렇게 발을 넓혀가다 보면 조만간 인맥이 형성될 것이다. 그 인맥을 활발하게 유지하다 보면 언젠가는 밖에서 기웃거릴 필요 없이 그 안에 들어가 있을 것이다.

고용주 입장에서 이력서를 작성하라

이력서를 쓸 때 저지르는 가장 큰 실수는 누구의 입장에서 써야 하는지를 모른다는 것이다. 이력서는 자신의 입장이 아니라 장래 고용주가 될 사람의 입장에서 써야 한다.

이력서는 결점을 찾아내는 심사 장치다. 잠재적인 고용주들은 이력서를 훑어보면서 재빨리 후보자를 걸러낼 수 있는 요인을 찾는다. 대부분은 부적합한 지원자들을 추려내기 위해 경험과 전문성 부족을 찾는 것으로부터 시작한다.

그러나 또한 주관적인 해석도 있다. 어떤 사람들은 자신이 싫어하는 학교나 특정 회사 출신의 지원자들을 제외시킨다. 하버드에 낙방한 친구는 하버드 출신에 대한 엉뚱한 편견을 갖고 있을지도 모른다.

또 어떤 사람은 한 회사에서 오래 일했거나 회사를 너무 자주 옮겨다닌 지원자들의 이력서를 치워버린다. 어쨌거나 그들의 목표는 처리하게 쉽게 이력서를 간추리는 것이다.

따라서 이력서를 쓸 때는 우선 결점이 될 수 있는 부분을 최소화하고 긍정적인 성과를 극대화시켜서 보여줄 수 있도록 한다. 그래야만 서류 심사 과정을 통과해서 면접을 볼 수 있다. 우리의 목표는 면접으로 이어질 수 있는 이력서를 쓰는 것이다.

결점이 될 수 있는 요인들은 대부분 경력에 있다. 그러므로 개인적인 특징과 업무 성과를 강조하는 것이 중요하다.

그러한 특징과 공적은 수익을 올리거나 비용을 줄이거나 시간을 절약하는 것처럼 회사의 직접적인 이해와 관련된 일에 더 초점을 맞추어야 한다.

또한 그러한 공적들을 열거하면서 액수나 비율이나 시간과 같은 실제적인 숫자를 제시한다. 그런 숫자들은 정확하지 않아도 사실로 인정받을 수 있다.

다른 직종의 일자리를 찾고 있다면 새로운 직종에 맞는 어휘를 사용해서 이력서를 작성한다. 그것은 자신의 능력과 경험을 새로운 직종으로 옮겨갈 수 있다는 것을 보여주는 계기가 될 수 있다.

공백을 메운다

이력서에서 실제적인 성과를 강조한다고 해도 경력을 빼놓을 수는 없다. 모든 고용주는 당신이 어디에서 얼마나 오래 일했는지 알고 싶어 할 것이다. 먼저 실적을 열거한 후에 경력을 기록하면 부정적으로 보일 수 있는 요인들을 대하기 전에 긍정적인 면을 부각시킬 수 있다.

만일 직장을 자주 옮겨다녔다면 그 이유를 충분히 알 수 있도록 연봉 액수와 직장에 대한 설명을 덧붙인다.

한 직장에서 오랫동안 일했다면 승진, 업무, 연봉 인상 등을 구분해서 내부 변동 상황을 보여준다.

만일 공백 기간이 있다면 그동안 책을 썼다거나 학교에 다녔다거나 등등, 시간을 얼마나 생산적으로 보냈는지에 대해 설명한다.

고용주가 궁금해 할 사실을 알려준다

사람들은 대부분 여백을 메우기 위해 자신의 관심거리에 대해 적는다. 그러나 그것은 시간 낭비다. 그보다는 면접관이 알고 싶어 하지만 물어볼 수 없는 질문에 미리 대답하는 것이 좋다.

예를 들면, 마라톤을 하고 있다고 언급하면 당신이 건강한 비흡연가라는 사실을 암시할 수 있다. 체스에 취미가 있다면 치밀한 사색가 타입으로 보일 수 있다. 또는 특별한 작가의 작품에 관심이 있다는 것을 기록해 놓으면 혹시 그 자리에서 또다른 열성 팬과 만날 수 있을지도 모른다.

면접의 두 가지 목표

여러분은 모두 똑똑하고 경험이 많은 성인이므로 면접에 알맞은 차림새로 제 시간에 나타나라는 따위의 충고는 생략하겠다. 그저 세상에서 가장 중요한 사람을 만나러 가는 것처럼 꾸미고 행동하면 된다. 맞은편에 앉아 있는 사람이 당신의 수입원을 책임지게 될 수도 있으므로 그보다 중요한 사람은 없다.

지피지기면 백전백승

연줄을 통해 면접을 하게 되었다면 그 사람에게 면접관과 회사에 대해 알고 있는 모든 것을 물어본다. 아무런 정보도 없이 가면

강한 인상을 줄 수 없다.

예를 들어 만일 면접관의 취미가 나비 수집이라면 나보코프(러시아 출신의 미국 소설가, 시인, 곤충학자, 나비 수집가로 유명하다)의 이야기를 넌지시 꺼내볼 수 있다. 또한 인터넷으로 그 분야에서 그 회사가 차지하는 비중 정도는 알아보고 가야 한다. 공기업이라면 최근의 연말 보고서를 검토해 본다.

20가지 질문

다음에는 아래의 열 가지 질문에 대해 간단한 대답을 적어본다. 다음 열 가지 중 적어도 여섯 가지는 반드시 물어볼 것이다.

- 이 회사에서 일하고 싶은 이유는 무엇인가?
- 어떤 근거에서 이 일을 할 만한 자격이 있다고 생각하는가?
- 지난번 직장을 그만둔 이유는 무엇인가?
- 당신의 장점과 단점은 무엇인가?
- 경력과 개인적인 목표는 무엇인가?
- 5년 후에는 어떤 자리에 있으리라고 생각하는가?
- 전에 하던 일에서 좋은 점과 싫은 점은 무엇인가?
- 어떤 식으로 일하고 관리할 것인가?
- 상관이나 부하 직원을 상대하면서 어려운 점은 무엇인가?
- 개인적으로나 직업적으로 이룬 가장 큰 성과는 무엇인가?

이번에는 자신이 면접관에게 물어볼 열 가지 질문의 목록을 만들어 본다. 일에 대한 의욕과 흥미, 동기와 준비 자세를 보여주면서 캐묻는 것이 아니라 서로 대화를 주고받는 식이 되어야 한다.

상대방으로 하여금 회사를 선전하도록 만들어라. 약간 튕겨보는 방법도 가능성을 높여줄 수 있다. 다음의 열 가지 개괄적인 질문들을 바탕으로 각자 나름대로 좀더 구체적인 목록을 만들 수 있을 것이다.

- 이 직책에 주어진 책임이나 목표는 무엇인가?
- 이 직책에서 해결해야 하는 주요 도전은 무엇인가?
- 누구에게 보고하고 누구와 함께 일하게 되는가?
- 내부 또는 외부에서 어느 정도 지원을 받을 수 있는가?
- 팀의 예산이 늘어나고 있는가 아니면 줄어들고 있는가?
- 회사의 근무 분위기는 어떠한가?
- 전임자는 어떻게 되었는가?
- 이 직책에서 극복해야 할 장애물은 무엇인가?
- 이 팀은 앞으로 어떤 기획을 하게 될 것인가?
- 이 회사의 5년 후의 전망은 어떠한가?

면접관들의 고압적인 태도에 기가 죽을 필요는 없다. 당신은 직장에 다니고 있으므로 이 자리가 절대적으로 필요하지는 않다. 또한 면접관들의 그러한 태도는 당신의 반응을 보기 위한 것에 불과하다. 당신의 이력서는 이미 그 일을 할 수 있다는 것을 확신시켰다. 그렇지 않으면 면접을 보자고 부르지도 않았을 것이다. 면접은 단지 당신의 이력서에서 본 것을 확인하고 자격을 갖춘 후보자들 중에서 우열을 가리기 위한 방법일 뿐이다.

만일 직종을 바꾸는 경우라면 그에 대한 합리적인 이유를 갖고 있어야 한다. 전에 일하던 직종이 인기가 떨어지고 있다는 것만으로는 충분한 이유가 되지 못한다. 새로운 일에 대한 의욕을 보여주어야 한다. 그들은 당신의 능력과 경험을 어떻게 새로운 일에 적용할 수 있는지 반복해서 물을 수도 있다.

하지만 너무 걱정하지 않아도 된다. 당신의 이력서를 보고 적절하다고 판단하지 않았으면 그 자리에 부르지도 않았을 것이다. 그들은 단지 확인과 확신을 원할 뿐이다. 왜냐하면 다른 직종에서 일하던 외부인을 고용하는 것은 언제나 모험이 따르기 때문이다.

자신의 목표를 기억하라

사람들이 흔히 저지르는 실수 가운데 하나는 취업이 두 단계의 과정이라는 것을 인식하지 못하는 것이다. 첫 번째는 면접관에게 자신이 그 일에 적격자라는 것을 확신시켜야 한다. 두 번째는 당신이 고액의 보수를 받을 자격이 있다는 것을 납득시키는 것이다.

그런데 직장을 구하기에 절실한 사람은 첫 번째에 집중하느라 두 번째를 놓치기 쉽다. 하지만 그것은 단지 절반의 투쟁에 불과하다. 중요한 것은 두 번째다. 우리의 목표는 좀더 많은 연봉을 받는 것임을 기억하라. 일자리는 구했지만 연봉을 더 받지 못한다면 실패한 것이다.

면접관이 연봉 이야기를 꺼내면 내심 안도의 한숨을 내쉬어도 된다. 그는 분명 당신을 그 자리에 필요로 하는 것이다. 그러나 안심하거나 만족한 태도를 보여서는 안 된다. 지금 그들이 고용하고자 하는 당신은 무한한 잠재력을 갖고 있다. 당신은 실수를 하거나 고용주를 실망시킨 적이 없다. 당신은 고용주가 원하는 바로 그런 사람이다.

그러나 당신이 유리한 입장에 있다는 사실을 인식하는 것만으로는 충분치 않다. 그 사실을 이용할 수 있어야 한다.

먼저 액수를 제시하지 말라

연봉 협상의 비결은 먼저 특정한 숫자를 꺼내면 안 된다는 것이다. 당신이 먼저 나서면 협상은 그 금액에서 내려가는 쪽으로 기울어진다. 반면 고용주가 먼저 숫자를 제시하면 협상은 거기서 올라갈 수 있다. 현명한 고용주는 분명히 "연봉은 얼마를 원합니까?" 하고 은근슬쩍 질문해서 당신에게 숫자를 말하게 할 것이다. 그러면 똑같이 은근슬쩍 대답해야 한다.

"제 경험과 능력에 맞게 주십시오."

그러고 나서 되묻는다.

"이 직책을 맡는 사람에게 얼마를 주실 생각입니까?"

물론 이런 식의 문답을 언제까지나 주고받을 수는 없다. 말장난이 될 우려가 있다고 생각되면 구체적인 금액을 말한다. 하지만 거기서 내려가도 만족할 수 있을 만큼 충분히 올려서 이야기한다.

고용주들은 언제나 특정한 액수를 정해놓기보다는 어느 정도의 융통성을 염두에 두고 있다. 그것은 전임자가 받았던 연봉에서 약 20퍼센트 내외로 볼 수 있다.

예를 들어 전임자가 떠날 때 10만 달러를 받았다면 회사는 당신에게 9만 달러만 주고 싶겠지만 11만 달러까지도 감수할 것이다. 그러므로 고용주가 처음에 최고액을 생각하도록 하는 것이 안전하다.

다른 혜택들도 감안하라

우리의 목표는 돈을 더 받는 것이지만 그것은 연봉 형식이 아닐 수도 있다. 예를 들어 학비 상환, 휴가, 보험 가입과 같은 형식이 될 수도 있다. 고용주로서는 회사의 예산 운영상 연봉을 올려주기보다는 다른 혜택을 주는 것이 쉬울 수 있다. 단, 정신적인 혜택이 아니라 실질적인 혜택이 돌아오는지 확인해야 한다. 돈으로 환산될 수 없는 것은 의미가 없다.

한 걸음 물러서라

내 고객들 중에 많은 사람들에게 효과가 있었던 마지막 기술은 제의를 받아들이기 바로 전에 슬그머니 한 발짝 물러서는 것이다. 예를 들어 제안을 받아들이고 싶은 생각이 드는 순간 머뭇거리면서 면접관을 똑바로 쳐다보고 직설적으로 묻는다.

"더 이상은 안 되겠습니까?"

똑바로 눈을 쳐다보면서 상대방이 대답할 때까지 아무 말도 하지 않는다. 약간의 배짱이 필요하지만 효과는 만점이다. 그가 무슨 말을 하든지 다음과 같이 대답한다.

"여기서 일하고 싶습니다. 하지만 집에 가서 다시 한 번 생각해 봐야겠습니다. 내일 아침에 다시 와도 되겠습니까?"

그러면 숫자가 좀더 올라갈 것이다.

DIE BROKE 12
주택이 아닌 '집'을 마련하라

내 집 마련

21세기에 경제가 어떻게 변하건 간에 내 집 마련은 대부분의 사람들에게 여전히 큰 일 중 하나로 남아 있을 것이다. 내 집 마련은 정신적으로나 경제적으로 만족감을 주는 몇 안 되는 일 중 하나임에 틀림없다. 물론 그 두 가지 만족 사이의 균형은 변했지만, 그것도 새삼스러운 일은 아니다.

예로부터 자기 집에 산다는 것은 무엇보다 정신적인 만족을 제공했다. 내 집을 갖는 것은 자신의 성채를 소유하는 것이다. 집주인이 임대료를 올리는 일도 없고, 난방을 해주지 않거나, 새는 지붕을 고쳐주지 않는 일도 없다. 원하면 마음대로 개조할 수도 있다. 마당이 있으면 채소를 심을 수도 있고 아이들을 위해 그네를 달아줄 수도 있다. 그리고 일반적으로 물가보다는 주택 가격이 더 많이 올랐다. 그래서 집을 사는 것이 돈을 모으는 지름길이었다.

주택은 투기를 위한 수단이 아니다

중산층이라고 해도 돈을 저축해서 집을 사기는 쉬운 일이 아니지만, 베이비붐 세대 중에서도 약삭빠른 사람들은 앞서 말한 소위 연속식 주택 소유를 실행할 수 있었다.

그들은 가능하면 빨리 주택이나 아파트를 구입해서 3년 내지 5년간 보유했다가 차익을 남기고 팔아서 좀더 비싼 집으로 이사했다. 부동산 경기의 파도를 일찍 탔다면 두 번째 집을 팔아서 또다른 차익을 남기고 더 큰 집으로 이사할 수도 있었을 것이다.

만일 부동산을 계속해서 사고 판다면 그것은 상품이므로 건물이나 거주지라는 말로 표현하는 것이 더 적절할 것이다. 반면에 집이란 단어는 경제적인 가치보다는 정서적인 가치를 가진 영구적인 것이다.

세상 물정에 밝은 베이비붐 세대들이 연속식 주택 소유를 실행할 수 있었던 것은 뒤이어 다른 베이비붐 세대들이 집을 사기 시작했기 때문이다. 베이비붐 세대의 부모가 자녀들의 덕을 볼 수 있었던 것처럼 그들 역시 손아래 형제들의 덕을 볼 수 있었다. 불행히도 그 파도는 1980년대 말 해변에 올라와서 산산이 부서져버렸다.

1988년경부터 주택의 잠재 수요가 서서히 줄어들자 부동산 경기가 하락하기 시작했다. 파도에 몸을 싣고 편안히 은퇴할 수 있었거나 연속식 주택 소유로 이익을 본 사람들은 운이 좋았다. 마지막 순간에 파도를 탄 사람들은 결국 궁지에 몰렸다.

두 번째 살 집을 처음에 사라

당신이 파도를 타고 능력보다 더 큰 집을 살 수 있었던 행운아건, 좁은 집에서 눌러 살아야 하는 운이 없는 사람이건, 아니면 이제 막 처음으로 집을 사려고 하는 중이건 간에 이제 주택 소유의 개념이 변했다는 사실을 깨닫는 것이 중요하다. 주택에 대한 개념은 다시 옛날로 돌아갔다.

내 집 마련은 아직도 긍정적인 면이 있다. 우선 정신적인 보상과 함께 물가 상승을 따라갈 정도로는 집값이 오른다. 그러나 그 이상은 없다. 또다른 베이비붐 세대가 있기까지는 1970~1980년대에 경험했던 급격한 부동산 가격 상승과 엄청난 시세 차익은 기대할 수 없을 것이다. 그러나 좋은 점은 우리가 다시 집이라는 개념으로 돌아갈 수 있게 되었다는 것이다.

요즘 젊은 고객들이 부동산 상담을 하러 오면 나는 그들에게 두 번째 살 집을 처음에 사라고 말한다. 결국은 좁아서 살 수 없게 되는 '신혼집'은 제쳐두고 여생을 편안하게 지낼 수 있는 집을 살 계획을 세우라는 것이다. 왜냐하면 앞으로 사게 될 집에서 오래 살아야 하기 때문이다.

만약 그렇게 하는 데 오랜 시간이 걸린다면 기다리자. 돈을 저축하고, 기반이 확고해지고, 어떤 집이 좋은지 싫은지를 알게 되고, 바라는 것과 필요한 것을 구분할 수 있는 시간이 생길 것이다. 그리고 기다린 결과 좀더 현명한 구매를 하게 될 것이다.

직장에서 멀리 떨어진 집을 살 수도 있다. 요즘은 직장보다는 집이 좀더 영구적이다. 2년 후에는 집에서 좀더 가까운 변두리 개발지역에서 일하게 될 수도 있다. 5년 후에는 전철을 타고 출근하지 않고 자택 근무를 하게 될 수도 있다. 그리고 10년 후에는 자신의 집에서 사업체를 운영할 수도 있다.

만일 자신이 성장한 곳보다 덜 부유한 동네에서 살게 된다고 해도 실망할 것은 없다. 사실 요즘은 맞벌이를 한다고 해도 부모 세대보다 풍족하게 살기가 쉽지 않다. 과시를 하다가는 남은 여생을 망치게 된다.

부모만큼 잘사는 것처럼 보이기 위해서 남은 여생을 희생시켜야 하겠는가. 그것은 어리석은 짓이다. 겉모습을 화려하게 꾸미기 위해서 삶의 질을 희생하는 것은 정신적인 자살이다. 다 쓰고 죽는 것은 능력껏 사는 것이지 분수에 넘치게 사는 것이 아니다.

이미 집을 소유한 고객들이 부동산 상담을 하러 오면 나는 지금 사는 집을 남은 여생 동안 편안하게 살 수 있도록 개조하라고 한다. 만약 그것이 불가능하면 팔아서 여생을 행복하게 보낼 수 있는 다른 집을 사라고 한다.

기대하는 것만큼 이익이 되지 않는다고 해도 어쩌겠는가? 어차피 당신은 부동산업을 하는 것이 아니다. 이제는 집을 오래 붙들고 있다고 해도 더 이상 경제적으로 손해 볼 일도 없으며, 오히려 정신적으로 안정감을 느낄 수 있다.

사람들은 집을 계속해서 사고팔면서 자신이 정말 원하는 집에서 살지 못했다. 사람들은 좀더 빠른 시일에 또는 특정 지역에 집을 사기 위해 작고 마음에 들지 않는 집에서 살아야 했다. 다시 말해서 집을 살 때 정서적인 면보다는 경제적인 이익에 중점을 두었다. 그러나 이제는 그 반대가 되어야 한다. 오래 기다려야 하고 갈 길이 멀다고 해도 자신이 꿈꾸는 집을 사도록 하자. 이제는 건물이 아니라 여생을 행복하게 보낼 수 있는 집을 사야 한다.

정신적인 보상을 만끽하라

사람들은 집을 보수하느니 차라리 사는 편이 유리하다고 말한다. 집을 고칠 경우 많은 비용이 들지만 그만큼 집값이 오르지는 않는다는 것이다.

그러나 다 쓰고 죽기로 한 사람들은 내 집 마련에서 경제적인 혜택보다는 정신적인 혜택을 우선적으로 생각해야 한다는 것을 알고 있으며, 따라서 남은 여생을 행복하게 보내고 싶은 집을 사게 된다. 그러므로 주택을 개량, 보수하고 증축해서 얻을 수 있는 정신적인 보상은 경제적인 보상보다 더 중요할 수 있다.

만일 당신이 가족과 함께 꾸민 정원에서 30년을 보낸다면 그 정신적인 혜택은 그 집을 팔아서 남기는 이익에 비교할 수 없다. 온 가족이 정원에 모여서 보내는 여름 오후를 어떻게 돈으로 환산할 수 있겠는가.

나는 여유가 있다면 집을 좀더 이용하고 즐길 수 있도록 개량하거나 보수 또는 증축하는 일에 돈을 지출할 가치가 있다고 믿는다. 욕실을 순금으로 장식하라는 것이 아니다. 만일 다락방이나 지하실을 꾸밀 여유가 있다면, 그래서 집에서 일을 할 수 있다면, 그렇게 하라는 것이다.

식당이나 방을 더 들일 여유가 있고 당신의 가족이 집에서 좀더 즐거움을 찾을 수 있다면, 그렇게 하라는 것이다. 정원을 만들어서 온 가족이 해마다 여름에 모일 수 있다면, 그보다 좋은 일이 어디 있겠는가.

집을 개보수한 가격을 돌려받을 수 있는가 하는 것은 역모기지를 상환하기 위해 당신의 집을 팔게 될 은행이 걱정할 문제다. 그때 당신은 오래도록 그 집을 즐기면서 살다가 이미 죽고 없을 것이다.

주택 대출

집을 사는 것이 경제적으로 이득이 되었던 때에는 잠깐 동안 보유했다가 팔고 또다른 집을 사면서 변동금리대출을 받는 것이 유리했다.

변동금리의 장점은 고정금리보다 단기간 동안 싼 이자를 낼 수 있다는 것이다. 그래서 싼 이자를 이용하다가 이자율이 올라가기 시작할 때 부동산을 팔 준비를 하면 된다. 만일 몇 년 동안만 그 집에서 살 생각이었을 때는 장기적으로 이자율이 어떻게 될까 하는 것은 상관이 없다.

오늘날 우리는 집보다는 남은 여생을 보낼 수 있는 가정을 찾고 있다. 따라서 이제는 장기적인 이해를 우선하게 된다. 그 결과 나는 고객들에게 고정금리대출을 택하도록 하고 있다. 처음에는 변동 금리보다 약간 높을지도 모르지만 더 이상 오르지는 않기 때문이다.

보통은 30년 상환 주택 대출을 받으라고들 한다. 매달 지출액을 줄일 수 있기 때문이다. 집을 사고 나서 얼마 안 가 다시 팔려고 할 때는 집값을 다 갚기까지 얼마나 오래 걸리는지는 문제가 되지 않았다. 하지만 이제는 대신 15년 상환 대출을 받는 쪽을 진지하게 고려해 보아야 한다.

월 상환액은 약간 많아지겠지만, 집값을 갚는 기간이 절반으로 짧아진다. 그러면 그만큼 빨리 주택담보대출을 받아서 집을 수리할 수 있을 것이다.

이름이 주는 차이는 엄청나다. 이 대출을 제2저당이라고 부를 때는 사람들에게 두려움을 불러일으켰다. 그러나 지금은 주택담보대출이라고 불리면서 경제적으로 겪는 고통을 치료해 주는 만병통치약이 되었다.

사람들은 주택을 담보로 대출을 받아서 신용카드 빚을 갚고, 아이들 대학 등록금을 내고, 심지어는 사업 자금으로 쓴다. 왜? 대출이 쉽기 때문이다. 그러나 다 쓰고 죽기로 한 당신에게 이것은 위험한 일이 될 수 있다.

주택은 역모기지를 통해 소득원으로 이용할 수 있는 소중한 자원이다. 미리부터 주택을 담보로 대출을 받아서 다른 용도로 사용한다면, 가장 필요로 할 때 아쉬워질 수 있다. 사람들은 자신의 은퇴나 유산을 위해 집을 간직하려고 할 것이다. 하지만 우리는 상속자들에게 집을 남겨주는 것보다, 살면서 가능한 한 자신의 재산을 이용하는 것이 목적이다. 집은 마지막 순간에 소득원이 될 수 있는 안전망이다.

주택담보대출을 받는 것에 대해 전적으로 반대하지는 않지만 내 생각에는 집 자체에 추가되는 비용, 즉 개조를 하거나 증축을 하는 목적으로만 사용하라고 권하고 싶다. 그러면 그 대출금을 집에 투자하는 셈이 된다. 또한 집에서 얻는 즐거움이 더해지므로 그 집에서 오래도록 살고 싶어질 것이다.

주택을 담보로 대출을 받아서 빚을 청산하거나 자녀의 학비를 충당하거나 새로 사업을 시작할 수는 있다. 그러나 그런 일들을 위해서는 자신의 안전망에 구멍을 내지 않는 다른 방법을 생각해 보자.

집 이외의 휴식처를 마련하라

여유 돈이 있고 현재 살고 있는 집에서 가족들과 함께 나머지 여생을 보낼 생각이 아니라면 여름이나 주말 또는 휴가 동안에 보낼 집을 마련하는 것이 우리 '다 쓰고 죽는' 사람들에게는 매우 현명한 선택이 될 수 있다.

현재 살고 있는 집을 처분하기보다는 거기 살면서 나중에 오래도록 거주할 수 있는 집으로 바꿀 수 있는 별장을 구입하는 것이다. 뉴욕에 거주하는 내 고객들은 이 방법을 선택하고 매우 흡족하게 생각했다.

우선 임시 거주지가 아닌 마을을 찾아볼 수 있다. 1년 내내 필요한 서비스와 편의 시설을 이용할 수 있어야 하기 때문이다. 예를 들어 내 고객들은 전형적인 해변의 휴양 도시가 아닌 뉴욕 근교의 작은 마을에 있는 주말 농장을 구입했다.

또다른 방법은 작거나 볼품이 없거나 시세가 없어서 싼 가격에 나와 있는 부동산을 찾아보는 것이다. 나중에 그 집과 현재 살고 있는 집을 함께 팔면 원하는 집을 좀더 쉽게 살 수 있을 것이다.

휴가를 가는 대신 별장에서 보내면 좀더 저축을 할 수 있다. 물론 절약한 돈을 집 수리에 사용할 수도 있다.

우리 가족이 주말을 보내는 집은 내가 지금까지 샀던 어떤 것보다 나에게 커다란 보람을 느끼게 해주었다. 자녀들과 손자들이 모두 모이는 훌륭한 장소가 되었으므로 내가 가족들에게 줄 수 있는 가장 큰 선물이 된 셈이다.

양로원은 공동 묘지다

나는 개인적으로 양로원을 싫어하지만 어떤 사람들에게는 좋은 점도 있다는 것을 인정한다. 하지만 여러분에게는 권하고 싶지 않다. 시설이 나은 양로원에서는 과거의 전통에 따라 은퇴하는 사람들이 원하는 편의 시설과 서비스를 갖추고 안전하고 편안한 환경을 제공한다. 그러나 은퇴를 하지 않는 '다 쓰고 죽으려는' 사람들에게는 아무 도움이 되지 않는다.

양로원은 다양한 나이의 사람들이 모이는 곳이 아니기 때문에 자연적으로 인종, 종교, 민족, 때로는 심지어 출생지를 기준으로 함께 어울리는 경향이 있다. 다양한 세계를 경험하고 나서 은거하거나 죽기 위해 자신의 종족에게 돌아가는, 마치 부족의 공동 묘지와 같다. 그러므로 양로원은 남은 여생을 활동적으로 보내고자 하는 사람에게는 적절하지 못하다.

처음 얼마 동안은 일찍 은퇴한 사람들이 돈을 주고 분양권을 사서 입주할 것이다. 그러나 그들은 모두 함께 나이가 들어간다. 그런데 새로 은퇴한 사람들은 자기보다 젊은 사람들이 있는 곳으로 들어가고 싶어한다. 따라서 가격이 싸지 않다면 그곳에 들어갈 이유가 없다. 그러므로 가격은 점점 떨어진다. 입주자들이 나이가 들수록 분양권은 팔리지 않을 것이고, 가격은 내려간다.

양로원 분양권은 시간이 갈수록 가격이 떨어질 수밖에 없는 부동산 투자 중에 하나이다. 만일 자신의 거주지를 축소하기를 원하고 어느 시점에서 양로원이 제공하는 보호 서비스를 필요로 한다고 생각하면 양로원을 선택할 수도 있다.

그러나 다 쓰고 죽는 사람에게는 함께 어울리고 싶은 공동체 속에서, 그리고 남은 여생 동안 행복하게 살 수 있는 집을 구하는 것이 바람직하다.

DIE BROKE 13

전문가와 구체적으로 가계 재무를 상의하라

회계사

어떤 사람들은 성격이나 습관 때문에 세상을 일차원적으로 바라본다. 예를 들면, 내 친구 중에 치과 의사가 있는데, 그는 독신이어서 아내와 나는 항상 그에게 맞는 짝을 찾아주려고 노력한다. 하지만 여자를 소개해 주고 나중에 어떠냐고 물으면 그의 대답은 항상 이런 식이다.

"그 여자는 뻐드렁니가 심하더군."

그는 사람을 보지 않고 치아를 본 것이다.

대부분의 회계사들도 마찬가지다. 다만 치아가 아니라 세금을 들여다본다는 것이 다를 뿐이다.

나는 전문가들로 구성된 우리 회사가 세금을 피해갈 수 있는 기회를 최대한 활용하기 위해서는 반드시 지혜롭고 진취적인 회계사가 필요하다고 생각하고 있다.

또한 회사에서는 유능한 공인회계사를 고용해야 한다고 굳게 믿는다. 공인회계사는 어려운 시험에 합격했을 뿐 아니라 공인회계사협회 회원으로서 성실하게 일하며 지속적인 교육을 받는다. 하지만 나는 회계사에게 구체적인 투자 상담을 받는 것에는 찬성하지 않는다.

가계 재무를 설계할 때는 세금 문제를 고려해야겠지만, 그게 전부는 아니다. 다 쓰고 죽기로 작정한 사람들에게는 세금이 가장 중요한 문제는 아니기 때문이다. 따라서 당신에게는 그에 적합한 전문가가 필요하다.

다 쓰고 죽기로 작정한 사람들의 전략은 투자 원금을 안전하게 유지하면서 세무원의 손에서 안전하게 지키는 것보다는 가급적이면 자산을 최대한의 수입원으로 바꾸어 지속적인 수입을 거두는 것이다. 그것은 대부분의 회계사들에게는 익숙하지 않은 개념이다.

공인회계사들은 자산 보호에 대한 교육을 받는다. 그들은 되도록 세금을 적게 내고 자산을 한 세대에서 다음 세대로 옮겨갈 수 있도록 하는 일을 한다.

그러나 당신은 다 쓰고 죽을 사람이므로 자산을 지키기보다는 쓰기를 원한다. 또한 유산을 남기지 않을 것이므로 상속세에 대해서는 걱정할 필요가 없다.

그리고 다 쓰고 죽기로 한 사람은 사전에 준비한다는 경제 전략에 따라 소득세에 지나치게 신경을 곤두세우기가 쉽다. 현명한 공인회계사를 고용해서 가능한 한 소득세를 피해야 하는 것은 당연하다. 그러나 세금을 피하는 일이 우리 경제 생활의 중심이 되어서는 안 된다.

면세 상품이라고 해서 아무거나 살 필요는 없다. 분명 필요 이상으로 돈을 써야 할 이유가 없는 것이다. 마찬가지로, 소득세가 면제된다고 해서 거기에 투자해야 하는 것은 아니다. 무엇이든 돈을 주고 사거나 투자를 할 때는 그 나름대로 합리적인 이유가 있어야 한다.

만일 무언가에 집중하고 싶다면 수익성에 집중하도록 하자. 시간이 있으면 돈을 좀더 벌기 위한 방법을 궁리하자. 그리고 세금을 적게 내는 방법을 찾느라고 시간을 낭비하지 말고 그냥 회계사에게 맡기자.

훌륭한 공인회계사를 찾아가 세금 문제를 상의할 때는 기록 보관과 서류 정리에 대한 충고를 귀담아듣도록 하자. 하지만 혹시라도 투자 조언을 하려고 하면 그냥 공손하게 웃으면서(보험중개인이 투자 조언을 하는 것과는 다르게 공인회계사는 자신의 이익을 위해서가 아니라 선의에서 충고하는 것이므로) 재무설계사와 상의하겠다고 말하면 된다.

보험중개인

보험중개인은 장의사와 같다. 만나고 싶지 않지만 어느 땐가는 결국 만나게 된다. 그리고 그들을 만나면 가능한 한 진지하고 정직하기를 바랄 것이다.

성공한 보험중개인에는 두 종류의 타입이 있다. 보험을 파는 데 능한 사람과 보험 지식에 능한 사람이다. 전자는 집에 찾아와서 우리에게 필요한 것을 말해 주고, 후자는 우리를 자신의 사무실로 찾아오게 해서 필요한 것이 뭔지 묻는다. 대부분 전자는 대리점 직원이고, 후자는 중개인이다.

대리점은 특정한 보험 회사(또는 하나 이상의 비경쟁 관계의 회사)에 속해 있다. 반면, 중개인들은 자체적으로 일한다. 중개인은 자격 시험을 치러야 하므로 보험 상품에 대해 훤히 알고 있다. 양쪽 모두 판매 수수료를 받아서 돈을 벌지만, 중개인은 여러 보험 회사의 상품 중에서 선택을 하도록 하고 공평하고 정확한 의견을 제공한다.

내 충고는 간단하다. 대리점이 아니라 중개인을 이용하라는 것이다.

주식중개인

스포츠 용품을 사기 위해 편견 없는 조언을 구할 때 나이키 매장에 가겠는가? 물론 아닐 것이다. 그들은 분명 자기 회사 제품을 사라고 할 것이다. 그런데 왜 투자 상담을 하기 위해 주식중개인에게 가는가? 그는 주식이나 주식형 뮤추얼 펀드를 사라고 할 것이다. 그것이 그가 파는 것이기 때문이다.

다 쓰고 죽기로 한 여러분은 실제로 다른 사람들보다는 주식에 더 많은 돈을 더 오래 투자할 것이다. 그렇다고 해서 주식중개인에게 어떤 주식을 사야 하는지를 물어보라는 것은 아니다. 상담료만 받는 가계 재무설계사는 주식중개인만큼 주식과 뮤추얼 펀드에 대해 잘 알고 있다. 주식에 대한 편견도 없고, 기관 투자가들과 관계도 없으며, 주식이 아닌 다른 투자 지식도 갖추고 있다.

주식중개인을 피해야 하는 이유는 또 있다. 그들은 당신이 주식을 사고 팔 때마다 돈을 번다. 다시 말해서 그들은 잘못된 조언을 해도 돈을 번다는 것이다.

재무설계사

요즘은 너도나도 재무설계사라고 자처하는 사람들이 많다. 주식중개인, 회계사, 보험 회사 직원, 변호사 할 것 없이 점점 더 많은 사람들이 재무 상담을 하겠다고 나선다. 이런 추세로 가다가는 얼마 안 가서 배관공도 뮤추얼 펀드 전문가라고 주장할 판이다. 그렇다면 왜 모두 재무 설계에 뛰어드는 것일까? 그 대답은 뻔하다. 돈 때문이다.

재무설계는 요즘 잘 나가는 사업이 되었다. 투자는 더 이상 부자들만 하는 것이 아니다. 이러한 현상의 상당 부분은 안정되고 다양한 주식과 채권 투자를 할 수 있게 만들어준 뮤추얼 펀드의 성장에 기인한다.

또한 1990년대 초반에 지속적으로 주식 시장이 강세를 보였기 때문이기도 하다. 많은 사람들이 주식 거래를 하면서 재무 설계는 대중적인 사업이 되었다.

부자들을 상대해 왔던 주식중개인들은 이제 여기저기 다니면서 세미나를 개최하고 텔레비전 프로그램에 등장하여 친절하고 다정다감한 태도로 중산층 고객들을 끌어모은다. 회계사들은 고객들에게 세금 거치식 퇴직 제도에 투자를 해야 한다고 말하면서 그러한 제도를 만드는 일에 한몫을 하고 있다.

보험 회사 직원들은 생명보험, 주택보험, 건강보험, 불구보험, 자동차보험, 장기치료보험을 파는 것으로 만족하지 않고 이제는 세금 거치식 연금보험을 내놓고 있다.

그들 나름대로 각자 도움을 줄 수 있는 일이 있긴 하겠지만 투자 상담은 아니다. 그 역할은 오로지 전문적인 재무설계사에게 맡겨야 한다.

재무설계사를 이용하면 투자에 대해 어느 한쪽으로 치우치지 않은 충고를 들을 수 있다. 주식중개인들의 관심은 온통 주식으로만 향한다. 보험 회사 중개인들은 보험 상품을 팔아야 돈을 번다. 그리고 회계사는 금전적인 이해 관계는 없을지 몰라도 세금을 피하는 일에만 집중하기 쉽다. 그러므로 재무설계사 자격증을 가진 사람만이 이러한 모든 분야에 편견 없는 충고를 해줄 수 있다.

DIE BROKE 14

투자할 곳을 분명히 정하라

자산 운용을 위한 기본 원칙

가계 재무에 관한 책이나 잡지 기사는 대부분 투자자의 나이와 위험 부담 성향에 기초해서 포트폴리오에 주식, 채권, 그리고 현금을 골고루 섞어 넣는 손쉬운 소규모 자산 운용 공식을 제공한다. 컴퓨터에 고객들의 생활에 관한 통계 자료를 넣어서 개인별 자산 운용 공식을 뽑아낸다는 중개 회사도 있다. 나는 그것이 모두 엉터리라고 생각한다.

나는 과거의 일반적 규칙들을 맹목적으로 받아들이지 말라고 1부에서 여러 차례 충고한 바 있다. 그렇다고 해서 내가 만든 또다른 규칙을 세상에 전파하려는 것은 아니다. 내가 제안하는 네 가지 격언―정신적으로 회사에 사표를 써라, 현금으로 지불하라, 은퇴하지 말라, 다 쓰고 죽어라―은 여러분 각자의 배경과 필요와 의지에 기초해서 나름대로 선택을 하라는 것이다.

자산 운용도 마찬가지다. 정확히 저축액의 얼마를 뮤추얼 펀드나 채권에 투자해야 하는지를 말하려는 것이 아니라, 다 쓰고 죽기 위해서는 지금부터 돈을 어떻게 운용해야 하는지를 말하려는 것이다.

만일 유럽 여행에 돈을 쓰고 싶다면 그건 당신 자신에게 달려 있다. 마찬가지로 만일 재산의 75퍼센트를 지구환경과학기금에 투자하고 싶다면 그것도 역시 당신에게 달려 있다. 이 책은 여러분을 속박에서 자유롭게 해주기 위한 것이지 새로운 굴레를 씌우려는 것이 아니다.

그런 의미에서 우리는 가계 재무설계사와 함께 '다 쓰고 죽기' 위한 포트폴리오를 구상할 때 세 가지 일반적인 요인을 고려해야 한다.

우리는 오래 장수할 것이다

인간의 수명은 빠르게 늘어나고 있다. 건강을 돌보면 얼마든지 80대까지 살 수 있다. 그러나 대부분의 표준 자산 운용 공식은 당신이 70대 초반에 죽는다는 것을 전제로 하고 있다. 그래서 40대에 일찍 주식에서 발을 빼라고 한다. 그 결과 한창 김이 오를 만할 때 재산 증식이 멈추어버린다. 앞으로는 연장된 수명에 기초해서 주식 투자를 50대 중반까지 유지해야 할 것이다. 그후에도 주식에서 채권으로 바꾸기보다는 적극적인 주식 투자에서 비교적 안정적인 투자로 바꾸는 편이 현명할 것이다.

80대까지 풍족하게 살 만큼 충분한 돈을 만들기 위해서는 채권에만 의존할 수는 없다. 채권은 정기 예금에 넣어둔 3개월 예비금의 연장 정도라고 보아야 한다. '다 쓰고 죽기'로 한 당신을 보호해 주는 것은 지렛대를 지혜롭게 사용하는 일이다. 생명보험, 건강보험, 불구소득보험, 자동차보험, 주택보험은 진정한 안전 장치다. 한 뭉치의 현금보다는 보험이 더 안전할 수 있다.

우리는 65세에 일을 그만두지 않을 것이다

전통적인 자산 운용 계획은 65세가 되면 근로소득이 갑자기, 그리고 영원히 정지한다는 것을 전제로 한다. 그러나 '다 쓰고 죽기'로 한 여러분은 이런저런 일을 계속할 것이며, 따라서 65세가 넘어도 돈을 벌 수 있을 것이다.

그 수입은 전과 같거나, 줄어들거나, 아니면 더 많아질 수도 있다. 그건 그때가 되어봐야 안다. 여하튼 매달 수입이 있을 것이다. 그렇다면 65세 생일 날에 주식 투자를 모두 채권으로 바꿀 필요는 없는 것이다.

전통적인 자산 운용 공식은 65세 이후부터 근로소득이 없어지며 어떤 연금으로도 기존의 소득을 완전히 대체하기에는 부족하다는 것을 전제로 한다. 그래서 재산을 증식하기보다는 소득원으로 전환하라고 제안한다.

하지만 계속해서 일을 한다면 그렇게 서두르지 않아도 된다. 70세가 될 때까지 기다렸다가 불로소득에 의지해도 된다. 그리고 그때는 주식을 채권보다는 연금보험으로 전환하는 편이 좀더 효율적일 것이다. 그러면 소득원이 될 수 있을 뿐 아니라 죽기 전에 돈이 떨어질까 봐 염려하지 않아도 된다.

우리는 경제적 불멸에는 관심이 없다

과거의 자산 운용 공식은 다음 세대를 위해 재산을 남겨두는 것을 기본으로 하고 있다. 나이가 들면 수익성이 낮아도 안전한 채권에 투자하라는 것도 그 때문이다.

하지만 '다 쓰고 죽기'로 한 우리는 경제적 불멸에는 관심이 없다. 대신 자신의 경제력에 걸맞게 살면서 살아 있는 동안 자신과 다른 사람들을 위해 돈을 쓰기로 결정했다. 따라서 재산을 남기기보다는 쓰기 위해 채권보다는 연금과 역모기지를 선택한다. 경제적인 불멸 대신 살아 있는 동안 소득을 보장받기 위해서 말이다.

정해진 공식은 없다

'다 쓰고 죽기'로 한 사람들을 위해 정해진 자산 운용 공식은 없다. 다만 기본적인 양식이 있을 뿐이다. 즉 주식 투자를 통해 재산을 증식한다. 보험 상품과 함께 자신을 충분히 보호할 수 있을 정도의 현금이나 채권을 보유한다. 근로소득이 감소하기 시작하면 주식을 연금으로 전환해서 부족한 금액을 보완해 간다.

나이가 더 들면 주식에서 연금으로 점차적으로 전환하다가 마침내는 자선 잔여 신탁과 역모기지와 같은 방법들을 추가하고, 마지막으로 전재산을 소득으로 바꾼다. 그 시점이 되면 당신은 '다 쓰고 죽을' 준비가 되어 있을 것이다.

뮤추얼 펀드

역사가들이 20세기 후반을 되돌아본다면 가계 재무에서 가장 중요한 진전은 무엇보다 뮤추얼 펀드의 등장이었다고 입을 모아 말할 것이다.

그 이유는 간단하다. 뮤추얼 펀드는 많은 수의 소액 투자가들을 한데 묶어 거대한 돈주머니를 만들어서 개인 투자가 혼자서는 할 수 없는 다양한 포트폴리오를 만들 수 있기 때문이다.

소액 투자가들은 뮤추얼 펀드를 통해 자신의 돈만으로는 불가능한 수익을 올릴 수 있다. 또한 그만큼 안전한 투자는 없을 것이다. 그래서 다 쓰고 죽기로 한 사람들에게 정해진 법칙 중 하나는 뮤추얼 펀드를 통해서만 투자한다는 것이다.

주식을 고르고 싶은 유혹은 물리치자. 확실하다고 생각된다고 해도 덤벼들지 말라. 뮤추얼 펀드에 투자하면 떼돈은 벌지 못한다고 해도 적어도 알거지가 되는 일은 없을 것이다. 자녀들의 장래까지 위협하는 일은 없어야 한다.

뮤추얼 펀드라고 해서 모두 승자가 될 수는 없다. 엄청난 인기 덕분에 이제는 많은 사람들이 뮤추얼 펀드에 투자하고 있다. 뮤추얼 펀드의 성과를 측정해 주는 사업체도 등장하고 있다. 이제 개인 주식 투자만큼이나 뮤추얼 펀드를 선택하기가 힘들어졌다. 따라서 경제 잡지를 구독하는 것보다는 재무설계사의 지혜와 지식과 전문성에 의지하라고 권하고 싶다.

개미 투자는 피하라

나는 여러분이 이 책을 읽으면서 처음으로 가계 재무와 투자의 세계를 배우고 있다고는 생각하지 않는다. 그래서 초보적인 설명과 정의를 하면서 시간을 빼앗고 싶지는 않다. 아마도 여러분은 이미 주식이 다른 어떤 투자보다 수익성이 높다는 사실을 알고 있을 것이다.

내가 주식 투자에 대해 다시 언급하는 이유는 주식 시장을 둘러싼 열기 속에서 간과하기 쉬운 사실에 대해 한마디 경고하고 싶기 때문이다. 주식이 역사적으로 다른 어느 투자보다 수익성이 높았던 것은 사실이다. 그런데 이 '역사적으로'라는 진부한 단어에는 우리가 지나쳐버리거나 잘못 이해할 수 있는 사실이 숨어 있다.

　미국은 대공황 이래 70여 년 동안 모든 투자 중에서도 주식의 성과가 단연 으뜸이었다. 그러나 그렇다고 해서 주식이 단기적으로도 언제나 선두를 달려왔다는 의미는 아니다. 주식이 다른 투자나 마찬가지로 신통치 못했던 때도 있었다.

　주식이 한결같이 상승 곡선을 그리는 것은 아니다. 급격히 상승했다가 하락하면서 변덕을 부린다. 우리가 70세 이상까지 산다고는 하지만 남은 인생 동안 주식 투자가 반드시 전성기를 맞이하리라고 확신할 수는 없다.

　가까운 미래에 채권이 주식을 앞지른다고 해도 놀라운 일은 아니다. 만일 이러한 단기적인 경제 트렌드에 주목하지 않고 단순히 맹목적으로 역사적인 기록에만 의존한다면 죽기 전에 풍족하게 살 수 있는 가능성이 위태로워질 수 있다.

　어쨌든 주식에 한몫을 투자하고 가능한 오래 넣어둔다. 그러나 처음부터 크게 이익을 보리라고는 기대하지 말라. 경제적 트렌드에 보조를 맞추어가야 한다. 안달하면서 매일 포트폴리오를 작성하거나 일시적인 가격 하락에 민감하게 반응하지 말고, 정기적으로 포트폴리오를 점검하고 해마다 계획을 다시 잡는 것이 필요하다.

　이 책을 읽는다고 해서 진로가 결정되고 가계 재무가 술술 풀려나가면서 모든 것이 원하는 대로 이루어지는 것은 아니다. 넉넉하게 살다가 다 쓰고 죽을 계획이라면 자신의 경제 생활을 스스로 책임지고 관리해야 한다.

노년의 사다리

채권

여러분은 채권이 뭔지 설명하지 않아도 이미 다 알고 있다고 말할지도 모른다. 그렇다면 이 책을 잘못 이해하고 있는 것이다. 여러분이 필요로 하는 것은 이미 알고 있는 정보에 "다 쓰고 죽어라" 철학을 대입할 수 있는 방법이다.

자산 운용에 관해 이미 읽었다면 저축액을 주식형 뮤추얼 펀드에 투자하고 가능한 한 오랫동안 넣어두어야 한다는 내 충고를 기억하고 있을 것이다. 그러나 그렇다고 해서 채권을 무시하라는 것은 아니다.

예전에는 중산층 투자가들에게 돈을 주식에 투자하도록 권하기가 힘들었다. 그러나 1990년대의 뮤추얼 펀드와 주식 시장의 상승 기류로 인해 이제는 너도나도 주식에 투자하고 있는 듯하다. 그것은 언젠가는 좋을 수도 있지만, 단기적으로 볼 때는 그렇지 못할 수도 있다.

최근의 증시 강세로 인한 과열 현상은 주식 투자가 중단기적으로 볼 때 매우 불안정할 수 있다는 사실을 감추고 있다. 내 고객들 가운데 많은 사람들은 주식 투자에서 10퍼센트 이상의 수익을 올리는 데 익숙해져서 채권을 우습게 보고 있다. 그러나 그건 커다란 오산이다.

채권은 주식처럼 단기간에 반짝 오르지는 않지만 급격히 하락하지도 않는다. 앞으로 투자 할 수 있는 기회가 70년 이상 남았다면 그동안에 주식이 다른 모든 투자를 능가할 수 있다고 확신하고 전적으로 주식에 의존할 수도 있다.

그러나 단기 투자는 일관적이지 못하다. 몇십 년 동안 채권 수익이 주식과 엇비슷하거나 능가한 적도 있었다. 또한 우리의 수명이 아무리 늘어나고 은퇴를 거부한다고는 해도 몇백 년이 아니라 몇십 년밖에 남지 않았다.

만일 안전한 채권이나 국채에 돈을 투자해서 7퍼센트 정도의 수익을 얻는다고 해도 그것은 우습게 생각할 일이 아니다. 나라면 돈을 모두 20~30년 간 채권에 넣지는 않을 것이다. 그렇다고 모든 돈을 주식에 넣지도 않을 것이다.

주식 투자의 이익금을 채권과 비교하는 실수를 하는 사람들을 종종 보게 된다. 그것은 사과를 오렌지와 비교하는 것과 같다. 채권이 주식의 최고 수익률을 따라갈 수는 없다.

반면 주식은 채권이 가진 안정성과 확실성을 제공해 주지 못한다. 물론 아무것도 확실한 것은 없다. 채권도 이자율이 올라가면 값이 떨어질 수 있다.

국공채

가계 재무와 투자에 대한 책들을 읽어보면 이 세상에 위험 부담이 없는 투자는 없다고들 하지만 반드시 그렇지는 않다. 국채는 정부의 '완벽한 신용과 약속'을 지원받는다. 정치가들이 얼마나 어리석고 부패했는지에 대해 불평한다고 해도 막상 정부보다 경제적으로 확실한 것을 찾기란 쉬운 일이 아니다.

최근 몇 년 동안 나는 내 고객들 대부분이 국채보다 주식, 채권 뮤추얼 펀드에 대해 더 많이 알고 있다는 사실을 알았다. 그 이유는 국채가 위험 부담을 혐오하는 과부나 노인들이 하는 착실하지만 평범한 투자라고 생각하고 무시하기 때문이다.

보통 사람들에게는 국채증권이 그다지 유리하지 못하다. 금괴를 가지고 있는 것만큼 안전하기는 하지만 대부분의 사람들이 고액 투자에서 원하는 만큼 보상을 받지 못한다. 만일 주식 투자에 치우친 포트폴리오에 균형을 맞추는 방법을 찾고 있다면 채권형 뮤추얼 펀드가 좀더 나은 장치가 될 것이다.

그러나 여유있는 사람들은 노년기에 근로소득이 감소했을 때 국채를 이용할 수 있다. 60대 중반에 연금보험에 투자하고 남은 돈이 있다면 낮은 이자에 묶여 있을 가능성을 피해 만기가 교차되는 국채증권을 종류별로 사는 방법이 있다.

예를 들어, 고액의 7년 만기 채권을 사는 대신, 1년에서 10년 만기의 열 가지 소액 채권을 사는 것이다. 그러면 매년 이자율 변동에서 오는 손해를 막을 수 있을 것이다.

나이와 각자의 바람에 따라 각각의 채권이 만기가 되는 대로 또 다른 연금보험에 가입하거나 생활비로 사용하거나 자선 단체에 기부를 하거나 아니면 다시 채권으로 바꿀 수도 있다.

부동산 투자신탁

내가 아는 한 다음 세대의 인기 상품은 부동산 투자신탁이 될 것이다. 모두는 아니지만 일부 '다 쓰고 죽는' 사람에게는 적절한 투자가 될 수 있다.

부동산 투자신탁은 개인들의 돈을 모아서 부동산에 투자한다는 것을 제외하고는 뮤추얼 펀드와 같다. 법적으로 부동산 투자신탁은 소득의 95퍼센트를 투자자들에게 나누어 주어야 한다. 그 때문에 부동산 투자신탁이 인기가 있다. 고수익의 부동산 투자신탁은 주식 시장을 능가하기도 한다. 따라서 자신이 모은 재산을 소득원으로 전환하기를 바라는, '다 쓰고 죽기'로 한 노년층에게 부동산 투자신탁은 현명한 선택이 될 수 있다.

이론적으로 부동산 투자신탁은 주식형 뮤추얼 펀드와 같은 원리다. 돈을 모아서 고가의 부동산에 투자함으로써 소액 투자자들이 안전하게 접근할 수 있도록 해준다.

은행 예금

정기 예금에 예비금을 넣어둔다

정기 예금은 기껏해야 돼지 저금통보다 조금더 나은 가장 보수적인 투자다. 정기 예금이란 일정한 기간 동안 —보통 1개월, 2개월, 3개월, 6개월, 또는 1년, 2년, 5년까지 — 은행에 현금을 예치해 두는 것이다. 돈을 예치해 두기로 약속한 대신 일정 기간이 끝나면 원금과 함께 정해진 이자를 받는다.

정기 예금의 이로운 점은 국가에서 일정 금액까지 예금자 보호를 해주며, 절차가 매우 간단하고(어떤 은행은 전화로 처리한다), 비교하기 쉬우며(이자율만 알아보면 된다), 보통 예금보다 이자율이 높다는 것이다. 또한 만기 때 정확히 얼마나 받는지 알 수 있다. 은행에 가서 직접 하면 수수료를 내지 않아도 된다. 대출을 받을 수도 있다. 이자율이 경제 상황에 관계없이 내려가지 않는다.

반대로 불리한 점은 다음과 같다. 이자율이 오르지 않으며 정해진 기간 전에 돈을 찾으면 적지 않은 위약금을 물어야 한다. 그리고 재투자를 하려고 할 때 이자율이 떨어질 수도 있으며 소득세를 납부해야 한다.

정기 예금은 다 쓰고 죽기로 한 사람들에게 보수적인 투자다. 우리는 시기에 따라 좀더 많은 재산 증식이나 큰 수익성을 추구해야 한다. 또한 다른 투자를 하기 전에 저축을 하는 방법으로도 그다지 편리하지 못하다.

왜냐하면 아무 때나 돈을 찾을 수 없기 때문이다. 그러나 다 쓰고 죽기로 한 사람들이 3개월 간 예금을 넣어두는 방법으로는 완벽한 장치다.

앞에서도 말했듯이 요즘은 어떤 직장이나 사업도 안전하지 않기 때문에 모든 사람들이 3개월 동안 자유롭게 인출할 수 있는 충분한 현금을 확보해 놓아야 한다. 만일 그 돈을 보통 예금에 넣어둔다면 아무때나 꺼내서 써버릴 수도 있다. 게다가 높은 이자를 받지도 못한다.

예비금을 준비하는 가장 좋은 방법은 1개월 간격으로 만기가 되는 3단계의 정기 예금에 드는 것이다. 만일 내일 직장을 잃는다고 해도 3개월 비상금이 한꺼번에 필요하지는 않을 것이다.

지갑에 남아 있는 돈, 보통 예금 잔액, 퇴직 수당, 그리고 필요하면 신용카드로 소득이 없어도 1개월은 버틸 수 있다. 그러고 나서 첫 번째 정기 예금을 찾아 다음달 지출을 커버한다. 그 돈이 떨어질 때쯤 두 번째 정기 예금을 찾는다. 다시 돈이 떨어지고, 아직도 다른 직장을 구하지 못했다면, 세 번째 정기 예금을 찾는다.

충분한 자금이 마련되면 한꺼번에 세 건의 정기 예금에 가입한다. 가까운 은행 중에서 이율이 가장 높은 곳을 알아본다. 이 예금들은 계속해서 갱신해야 하므로 어느 정도 편리하게 이용할 수 있는 은행이 좋다.

준비금을 셋으로 똑같이 나누어서 하나는 30일, 또 하나는 60일, 나머지는 90일짜리 정기 예금에 든다. 그때부터 각각 만기가 되는 대로 다시 30일짜리 정기 예금으로 갱신한다. 예비금을 물가 상승에 맞추려면 이자는 그대로 적립해 두는 것이 좋다.

보통 예금보다는 실세 금리 예금을 이용하라

다 쓰고 죽기로 한 사람들이 보통 예금을 이용하는 이유는 단 두

가지다. 하나는 청구서를 지불하고 현금을 인출하는 것이며, 다른 하나는 아이들에게 은행업, 저축, 이자에 대해 가르칠 때 사용할 수 있다는 것이다. 보통 예금은 일시적인 자금이 머무는 곳이므로 많은 이자가 붙지는 않는다. 보통 예금에는 청구서 지불로 빠져나가는 금액만 넣어두면 된다.

보통 예금보다는 실세 금리 예금을 이용하라.

다 쓰고 죽기로 한 사람들에게 실세 금리 예금은 돼지 저금통과 같다. 보통 예금처럼 안전하면서도 이자가 좀더 많고 정기 예금보다는 탄력적이기 때문에 보다 생산적인 투자를 할 준비가 될 때까지 일시적으로 자금을 예치해 두기에는 완벽하다.

단, 실세 금리 예금의 유일한 단점은 최저 예치금을 요구한다는 것이다.

국민연금

국민연금을 퇴직연금 또는 은퇴계정이라고 부른다고 해서 정확히 그러한 목적을 위해 사용되어야 한다는 의미는 아니다.

다 쓰고 죽기로 한 여러분은 은퇴를 하지 않겠지만, 그래도 가능한 모든 퇴직연금을 이용해야 한다. 만일 직장에서 연금 제도를 제공한다면 최대한 많이 불입한다. 만일 자영업자라면 국민연금에 가능한 한 많이 넣는다. 이러한 계정에 넣는 돈은 모두 세금 거치식이기 때문이다. 세금 거치로 인해 연금에 불입한 돈에 대한 실제 수익률이 올라갈 수 있다. 물론 세금은 언젠가 지불해야 하지만 세금 거치식 연금에 저축을 많이 할수록 돈은 빠른 속도로 불어날 것이다.

다 쓰고 죽는 사람들의 경우는 국민연금을 연금보험 대신으로 유용하게 이용할 수 있다. 소득이 줄어들기 시작할 때 불로소득원이 될 수 있기 때문이다. 여기에 계속 일하면서 버는 근로소득과 즉시 연금보험에서 받는 연금, 역모기지로 받는 대출금을 합하면 마지막 20년 간은 충분히 풍족하게 살 수 있을 것이다.

살아 있는 동안 베풀어라, 증여

다 쓰고 죽기로 한 사람이 누릴 수 있는 가장 큰 즐거움 가운데 하나는 살아 있는 동안 선물을 하고, 받는 사람이 즐거워하는 것을 보면서 감사를 받는 것이다. 그렇다고 해서 아무런 계획이나 선견지명도 없이 손자들에게 거액의 수표를 건네주라는 것이 아니다.

자선 단체에 주는 것이 가족 모두에게 이로운 일이 될 수 있듯이, 자녀들과 손자들에게 주는 증여 역시 주는 사람과 받는 사람 모두가 보람을 느끼도록 할 수 있다.

면세 증여

증여세는 상속세의 회피 수단으로 이용하는 증여에 대해 상속세에 준해서 부과하는 세금이다. 증여는 친족 관계에 따라 공제액이 달라지며 친족 이외의 사람에게 증여할 때는 공제를 받을 수 없다. 증여세는 동일인에 대해 5년 동안 증여받은 재산을 합하여 과세하기 때문에 증여 재산 공제액도 역시 5년 동안 1회에 한해 공제받을 수 있다.

우리처럼 다 쓰고 죽는 사람으로서는 상속을 염두에 두고 증여를 하는 일은 없을 것이다. 또한 증여 공제 한도 내에서 증여를 하면 세금에 신경을 쓰지 않아도 된다.

증여 관리

미성년자에게 증여를 할 때는 주는 사람의 의도대로 돈이 사용되도록 하는 것이 필요하다.

아이에게 증여하는 가장 간단한 방법은 현금을 주는 것이다. 물론 아이가 전적으로 돈을 관리할 수 있도록 해준다. 생일이나 크리스마스 선물로도 좋다.

하지만 16세 손자에게 1만 달러짜리 수표를 주면서 그 돈으로 대학에 다니라고 할 수는 없다. 그 나이의 아이에게는 어떻게 해주는 것이 좋은지 생각해 보자.

만일 그 돈을 손자를 수혜자로 정해서 한 투자나 예금에 넣어둔다면 당신이 죽기 전에는 손자가 그것을 꺼내 쓸 수 없고 이자에 대한 소득세를 내게 된다.

당신의 이름과 손자의 이름을 둘 다 넣으면 더욱 복잡해진다. 왜

나하면 당신이 그 돈을 찾을 경우 손자의 서명이 필요할 것이며, 당신이 죽으면 유산으로 간주되기 때문이다.

해결책은 미성년자 증여 예금을 이용하는 것이다. 은행이나 재무설계사의 도움을 받아서 아이가 18세, 21세, 또는 25세가 될 때까지 예금 구좌를 관리하는 후견인을 지정하는 간단한 서류를 작성하면 된다. 구좌에 입금된 돈은 증여다.

따라서 증여 공제 한도 내에서 찾을 수 있다. 만일 자신을 후견인으로 정하고 아이가 돈을 찾기 전에 죽으면 그 돈은 유산의 일부가 되기 때문에 일반적으로 자신의 배우자나 아이의 부모를 후견인으로 정하게 된다.

물론 우리가 자신을 위해서나 자녀와 손자들을 위해 돈을 쓰는 것은 개인적인 문제다. 그러나 그 두 가지는 상호 배타적인 관계가 아니다. 돈이 주는 가장 큰 장점의 하나는 그것을 모든 사람에게 기쁘게 할 수 있는 방법으로 사용할 수 있다는 것이다.

아내와 내가 코네티컷에 농장을 샀을 때 그것은 분명 우리 두 사람을 위한 것이었다. 그러나 또한 우리 아이들과 손자들을 위한 것이기도 했다.

그 집은 주말에 와서 함께 지낼 만큼 공간이 넓다. 가족의 결혼식이나 파티를 열 수 있는 별채도 있다. 뜨거운 여름 주말에는 3대(때로는 4대)가 함께 모여 풀장에서 수영을 한다. 그 농장은 내가 산 것 중에 최고의 선택이었다. 왜냐하면 무엇보다도 우리 가족 모두에게 기쁨을 주었기 때문이다.

자선신탁

이제부터 아주 부자로 사는 비밀 중에 한 가지를 알려주겠다. 돈을 갖고 있는 것보다는 누군가에게 줌으로써 더 많은 돈을 벌 수 있는 방법이 있다. 바로 자선신탁이다.

자선신탁은 자본주의가 탄생시킨 기적 중에 하나다. 이름만 듣고 겁먹을 필요는 없다. 부유한 자선사업가에게만 해당되는 투자 방법은 절대 아니다. 다 쓰고 죽을 사람이 어느 정도 재산을 갖고 있지만 거기서 충분히 소득을 올리지 못하고 있는 경우에 그것을 소득원으로 바꿀 수 있는 방법이다. 그러면 과연 자선신탁은 어떤 것일까?

당신이 한 몫의 재산, 주식 포트폴리오 또는 자산 가치가 급상승한 사업을 소유하고 있다고 가정하자. 친구 말을 듣고 사두었던 어느 벤처 기업의 주식 값이 수십 배로 뛰었을지도 모른다. 아니면 20년 전에 밑바닥에서부터 시작한 사업이 이제 빛을 보게 되었을 수도 있다. 이해를 쉽게 하기 위해 그 자산이 100만 달러짜리라고 하자(그만한 자산을 갖고 있는 사람은 별로 없겠지만, 단지 계산을 편하게 하기 위해서 정한 숫자다).

당신은 자기 자신과 사랑하는 사람들을 위해 돈을 쓰다가 죽으려고 한다. 그런데 일을 계속한다고 해도 점차 근로소득은 떨어질 것이다. 그래서 지금의 생활 수준을 유지하고 계속해서 자녀들을 도와주면서 살기 위해서는 돈이 좀더 필요할 수 있다.

당신은 100만 달러짜리 자산을 갖고 있지만 지금은 2퍼센트의 소득밖에 올리지 못하고 있다. 그것을 판다면 양도소득세를 내야 할 것이다. 만일 처음에 거의 시세가 없던 것이 지금 100만 달러가 되었다면, 세금을 빼고 나면 65만 달러 정도밖에 남지 않는다. 그 65만 달러를 적당히 투자해서 약 7퍼센트의 수익을 얻는다면 결국 100만 달러 자산으로 연소득 4만 5,500 달러밖에 벌지 못한다. (만일 자녀들에게 상속을 한다면, 그 65만 달러에서 약 50퍼센트의 상속세를 내야 하고, 상속자들에게는 32만 5,000 달러만 남는다. 맨 처음에 100만 달러짜리였다는 것을 기억하지 못한다면 적지 않은 금액이다.)

그러면 그 자산을 매각하는 대신에 자선신탁을 이용해서 기부를 하면 어떻게 되는지 살펴보자. 변호사로부터 약간의 도움을 받아 그 자산을 신탁 회사에 맡긴다. 신탁 회사는 그 자산을 100만 달러에 판다. 당신은 신탁 회사에게 연 7퍼센트의 소득을 보장해 달라고 지시한다. 또한 당신이 죽으면 그 돈을 어느 자선 단체(지정을 할 수도 있고, 안 할 수도 있다)로 넘기라고 지시한다.

이제 당신은 양도소득세를 지불할 필요가 없기 때문에 65만 달러의 7퍼센트인 4만 5,500 달러가 아니라 100만 달러에 대한 7퍼센트인 7만 달러의 수익을 올리게 된다.

게다가, 자선 단체에 기부한 돈에 대해서는 세금 공제를 받을 수 있을 뿐 아니라, 당신은 자선 단체에 100만 달러를 기부한 자선가가 된다. 누이 좋고 매부 좋은 식이다. 정부가 양도소득세와 상속세를 받지 못하지만, 자선 단체의 봉사 활동으로 충분히 보상을 받을 것이다. 다만 상속자들이 아쉬워할 수 있다. 100만 달러가 아니라 32만 5,000 달러라도 큰 돈이니까.

하지만 우리 다 쓰고 죽는 사람들은, 상속이 자녀들을 돕는 유일한 방법이 아니라는 것을 알고 있다. 또한 신탁 회사에서 받는 수익과 세금 공제액으로 세계 일주를 할 수도 있다. 그리고 아들의 창업 자금이나 의과 대학에 다니는 손녀 학비를 보태줄 수도 있다. 남을 도와주는 일이 자신과 가족 모두에게 더 좋은 일이 될 수 있는 좋은 예이다.

역모기지

역모기지(reverse mortgage)는 아직까지 개인 경제의 최후 수단으로 여겨지고 있다. 역모기지라고 하면 사람들은 왠지 모르게 무시무시한 부작용이 우려되지만 다른 선택의 여지가 없을 때 이용하는 응급 처방으로 생각하면 된다. 그러나 우리 다 쓰고 죽는 사람들에게는 만병통치약이자 진정으로 삶의 질을 높여줄 수 있는 신비의 강장제다.

역모기지는 사람들이 겁에 질린 목소리로 수군거리는 동안 많은 오해가 생겨났다. 이제 그런 오해를 말끔히 씻어 보이겠다.

전통적인 주택담보대출의 경우 개인은 목돈을 빌려서 집을 사고

30년동안 정기적으로 이자와 함께 원금을 갚는다. 대출자는 융자금의 잔액에 비례해서 그 집에 대한 선취 특권을 보유한다. 융자금을 모두 갚으면 그 집의 완전한 주인이 된다.

반면, 역모기지는 자신이 소유한 집의 공시 지가에 해당하는 돈을 빌리는 것이다. 매달 정해진 액수를 지급받거나, 한꺼번에 찾을 수도 있고, 또는 신용 한도 형식으로 필요할 때마다 꺼내 쓸 수도 있다.

대출 기간은 차용인이 살아 있는 한, 또는 차용인이 그 집에서 사는 동안이나 미리 약정한 기간이 될 수 있다. 차용인은 계속 그 집의 완전한 소유권을 유지한다. 대출이 만기되면 차용인이 직접 갚거나 그의 유산에서 갚아야 한다. 전체 대출 금액은 그 집의 공시 지가를 넘을 수 없다.

그러면 역모기지가 우리들에게 줄 수 있는 혜택에 초점을 맞추어보자.

당신이 이제 막 70세가 되었다고 하자. 20년 전에 당신은 여생을 편히 지낼 집을 샀다. 3년 전에는 줄어드는 소득을 보충하기 위해 투자 포트폴리오의 일부를 꺼내 연금보험을 사서 평생의 소득원으로 전환했다.

당신은 다 쓰고 죽는 계획에 따라 일을 계속하겠지만 수입은 점점 줄어든다. 그리고 3년 후에는 사업을 더 이상 확장하지 않고 일하는 시간을 줄이기로 했다. 그러면 다시 수입이 줄어들 것이다. 어떻게 보충할 것인가? 이때 역모기지를 이용하는 것이다.

당신과 배우자가 70세고 살고 있는 집의 공시 지가가 20만 달러일 경우, 역모기지를 이용하면 부부 중 한 사람이라도 거기 사는 동안에는 1개월에 550달러를 지급받을 수 있다. 이 돈은 대출이며 소득이 아니므로 비과세다. 게다가 소득이 아니기 때문에 사회보장 제도나 의료 혜택에 영향을 미치지 않는다.

부부 중에 마지막 한 사람마저 저 세상으로 떠나면 대출이 만기된다. 자녀들이 집을 팔아서 대출을 갚을 것이다(그 집은 자녀들이 원해서 산 집이 아니며 당신은 어쨌든 유산을 남기지 않으려 했다).

대출 기간 동안 당신이 빚진 액수보다 더 비싼 값에 집이 팔린다면 은행이 이익을 보게 된다. 더 적은 값에 팔리면 은행이 손해를 본다. 자녀들과는 아무런 상관이 없다.

역모기지는 집이라는 자산을 소득원으로 바꾸어 평생 이용하면서, 자녀들에게 아무런 경제적 부담을 남기지 않는 방법이다.

다 쓰고 죽고자 작정한 사람이라면 어차피 손해볼 것이 없다.

일찍 죽을 경우를 대비하라

'다 쓰고 죽기'로 한 사람이라고 해서 유산 관리에 신경 쓸 필요가 없을까? 그렇지 않다. 우리의 계획은 살아 있는 동안 돈이 떨어지는 일 없이 충분히 쓰고 살 수 있도록 하는 것이다.

그러나 우리가 언제 죽을지는 알 수 없다. 평생 자산을 증식하면서 근로소득이 감소하는 시점에서 불로 소득원으로 전환하겠다고는 하지만 그때까지 오래 살 수 있을지는 보장할 수 없다.

나는 인간의 수명이 늘어나고 있다는 조사 결과를 반복해서 인용했다. 베이비붐 세대는 대체로 80세까지 살 수 있을 것이다. 그렇다면 65세 이상 일한다고 했을 때 65~70세 사이에 자산을 연금화(재산 증식을 위한 주식 투자로부터 소득을 보장해 주는 연금으로 전환)하자. 그 이전에 죽지 않는다면 이것이 가장 현명한 방법이다.

한편으로는 일찍 죽는 경우에 가족을 보호하는 절차를 밟는 것도 필요하다. 생명보험을 드는 것도 그 때문이다. 그러나 그러한 재정적인 보호 또한 법적인 장치, 즉 유언장으로 보완해 놓는 것이 좋다. 오래 산다면 재산을 모두 사용하거나 누군가에게 줄 테지만 그렇지 못할 경우에는 유언을 통해 대신 재산을 처리하도록 할 수 있다(또한 당신이 원하는 방식으로 어린 자녀들이 보살핌을 받도록 할 수 있다).

정확히 말해, 유산 관리라기보다는 '다 쓰고 죽기'로 한 사람에게는 일찍 죽는 경우를 위한 대비책이라고 할 수 있다.

DIE BROKE 15

어려울 때를 대비하라

건강보험

나는 여러분에게 가능한 한 일찍 건강보험에 가입하라고 말하고 싶지만 현실은 그렇지 못하다.

세상이 좀더 나아지면 우리 다 쓰고 죽는 사람들에게는 건강보험이 안성맞춤이 될 수 있다. 그러나 보험업계는 거짓말을 늘어놓는 외판원들, 무슨 말인지 알 수 없는 복잡한 규정, 한몫을 잡으려는 믿을 수 없는 보험업자들, 사기를 당했다는 소문으로 아수라장이다. 정부 차원에서 보험업을 규제하거나 조정하는 제도는 거의 없고, 몇 가지 강제적이지 않은 규칙들이 있을 뿐이다. 정말 난처한 일이다.

건강보험은 다 쓰고 죽는 사람들뿐만 아니라 누구에게나 필요하다. 65세를 넘으면 많은 사람의 경우 얼마 동안 입원을 하게 된다. 그들 중에 상당수는 퇴원 후에도 계속 병원을 다니며 의료비를 지출하게 된다. 따라서 수입이 거의 없는 노인이 자칫하면 평생 동안 저축해서 모은 돈을 1년 만에 다 날려버릴 수도 있다는 이야기다.

보상 범위

일반적으로 건강보험이라고 불리는 보험에는 세 가지 종류가 있다. 첫째는 병원 입원, 둘째는 가정 간호, 셋째는 두 가지 모두를 대상으로 한다. 그러나 '입원'과 '가정 간호'와 같은 용어의 의미를 분명히 해두는 것이 필요하다.

건강보험이 처음 생겼을 때는 대부분 '입원'은 허가받은 직원들에 의해 24시간 병원 치료를 제공하는 전문적인 의료 시설로 제한되었다. 그러나 그런 시설에 오랫동안 머무는 사람은 그다지 많지 않다. 우리가 보상을 필요로 하는 장기 입원은 중간급이나 보호 시설 수준일 경우가 많다. 고맙게도 요즘 대부분의 보험은, 모두는 아니지만, 세 가지 수준의 치료를 구분하지 않는다.

그렇다고는 해도 보험 회사에서 '적절한 시설'이라고 분류하는 것에 대해 주의할 필요가 있다. 어떤 보험 회사는 전문 의료 기관이나 중간급의 시설에 입원하는 경우만 보험이 적용되고, 노인들의 건강 관리를 제공하는 특수 보호 시설은 적용되지 않는다고 한다. 또 어떤 경우는 규모가 어느 정도 이상이어야 한다거나 상근하는 의료 직원이 있어야 한다고 말하기도 한다.

가정 간호는 문제가 더 복잡하다. 대부분의 사람들이 가장 필요로 하는 것은 누군가가 와서 음식을 만들어주고, 청소를 해주고, 심부름을 해주고, 씻겨주고 옷 입는 것을 도와주는 것이다. 그러나 불행히도 보험 회사는 이것을 가정 간호라고 생각하지 않는다.

어떤 보험 회사는 정식 또는 견습 간호사들이나 직업적인 물리 치료사에게 받는 숙련된 치료만 보상해 준다. 또 어떤 보험 회사는 가사일은 하지 않고 환자를 목욕시켜 주고, 옷을 입혀주고, 움직이는 것만 도와주는 간병인 자격증 소지자에게 지불하는 경우에만 보상을 해준다. 가사일에 대해 보상을 해주는 경우는 드물고, 일반적으로 얼마를 지급하는가에도 엄격한 제한이 있다.

아무나 보험에 가입할 수 없다

일부 건강보험 회사는 신청서를 매우 까다롭게 선정해서 절반 가량을 되돌려 보낸다. 뇌졸중, 당뇨병, 천식, 고혈압, 시각 장애, 암, 골반 교체 수술 환자라면 거절당하거나, 자격이 될 때까지 기다리거나, 보험료를 더 내야 한다. 그래도 아무나 받아주는 보험자보다는 선별해서 받는 보험자와 계약하는 것이 낫다.

그 이유는 아무나 받는 보험자들의 상당수는 '청구 후 승인'이라고 부르는 교활한 방법을 이용하기 때문이다.

보상 청구서를 쓰면 보험 회사가 보험 신청서의 정확성과 신청자의 의료 기록을 점검한다. 만일 신청서를 받고 나서 2년 안에 보상 청구가 들어올 경우, 보험자가 계약자의 신청서를 거부할 수 있는 무언가를 발견하면, 보험금 지급을 거부하거나 보험을 취소할 수 있다.

신청서에 잘못된 진술이 있으면 최초로 접수된 이래로 시간이 얼마나 경과했는지에 상관없이 보상금 청구가 거부될 수도 있다. 불행히도 이것은 단지 거짓말에 대한 훈계 정도가 아니다. 게다가 계약에 급급한 보험 회사 직원들이 본의 아니게 실수를 하거나 신청서를 '거짓으로' 작성하는 예가 종종 있다.

보상금 청구가 까다롭다

적절한 치료에 대해 보상을 해주는 보험에 가입할 수 있다고 해도 실제로 보험금을 탈 자격을 갖추는 것은 종종 전혀 별개의 일이 되기도 한다.

치료가 필요하다는 의사의 진단만 받으면 보험금을 받을 수 있다고 한다면 가장 좋은 조건이라고 할 수 있다. 그러나 대부분의 경우 보험금을 탈 자격을 갖추기 위해서는 의료적인 치료가 필요한 질병이나 부상이어야 한다. 어떤 경우는 병원에 우선 얼마 동안 입원해야 한다고 덧붙인다.

입원하는 모든 사람들의 경우, 특히 단순한 보호 치료가 필요한 사람은 특정한 질병이나 부상 때문이 아닐 수도 있다. 특별한 문제로 입원을 한다 해도 의사가 아닌 보험자가 '의료적인 치료'가 필요한지를 결정하게 된다. 그리고 보험자가 의료적인 치료라고 정의하는 범위는 매우 좁다는 것을 기억해야 한다.

어떤 경우에는 식사하고, 약 복용 시간을 기억하고, 화장실을 사용하고, 목욕을 하고, 옷을 입고, 또는 걷거나 침대에서 의자로 움직이는 것과 같은 '일상적인 활동'의 대부분을 '안전하게' 수행할 수 없으면 보험금을 탈 수 있다고 말한다.

이것은 질병이나 상해에 의한 자격 설정보다 현실적이기는 하지만, 보험 회사가 '안전하게'와 '일상적인 활동'을 어떻게 정의하고 어느 정도의 결함을 요구하는지에 달려 있다. 그리고 그 판단 역시 제3자가 아닌 보험 회사가 한다.

많은 초기 보험들은 알츠하이머에 대해 보상을 거부했다. 다행히도 그것은 이제 불법이다. 그런데도 어떤 보험 회사는 아직도 알츠하이머로 고생하는 환자들에게 보험금을 지급하지 않으려고 한다. 만일 보험 회사가 일상적인 활동 기준을 적용해서 단지 기억상실증에 걸린 사람들에게 보험금을 지급하지 않는다면, 알츠하이머에 걸렸어도 육체적으로 건강하다면 보상을 받지 못할 수 있다.

보험금이 실제로 얼마나 도움이 될까?

건강보험은 입원비나 가정 간호 청구서를 대신 지불해 주지는 않는다. 대신 그러한 서비스에 필요한 일수를 계산해서 보험금을 지급한다. 이 보험은 짧으면 1년, 길게는 평생 동안 유지할 수 있다. 또한 즉시 보험금을 받을 수도 있고, 아니면 3개월까지 본인이 부담하면서 기다린 후에 받을 수도 있다. 보험금이 많을수록, 기간이 길수록, 그리고 빨리 지급하는 조건일수록, 보험료가 많아진다.

이 제도의 가장 큰 문제점은 오늘 보험에 가입하면 20~30년 후에 보험금을 타게 된다는 것이다. 예를 들어, 요즘 평균 입원비가 하루 100달러라고 하고, 65세의 나이에 100달러의 일일 보험금을 지급하는 보험에 가입한다고 하자. 그 보험을 조만간 이용하게 된다면 문제가 되지 않는다.

하지만 건강을 유지해서 85세가 되어서야 보험금을 청구한다면? 1년 물가 상승을 5퍼센트라고 계산하면 10년 후에는 일일 입원비가 265달러 가량이 될 것이므로, 입원비의 절반도 해결하지 못하는 셈이다.

55세에 보험증권을 사는 사람은 더욱 심각하다. 그가 85세가 되어서 청구를 할 경우에는 5퍼센트의 물가 상승을 계산하면 100달러로 432달러 가량의 입원비를 해결해야 할 것이다.

이 보험은 갱신 보장이지만 보험료는 확정적이지 않다. 대부분은 계약자의 나이가 많아져도 보험료를 올리지 않는 '평준 납입'이다. 그러나 보험자의 예상보다 보상 청구가 많아지면 보험료를 올릴 수 있다.

보험 회사는 요즘 가입률을 늘리기 위해 보험료를 내리고 있지만 일단 보험금 청구가 들어오면 보험료를 다시 올릴 수도 있다. 한마디로, 오늘 다르고 내일 다르다.

다 쓰고 죽는 사람은 어떻게 하나?

이제 내가 왜 건강보험을 악몽이라고 하는지 이해할 수 있을 것이다. 물론 여러분은 나쁜 소식을 듣자고 이 책을 산 것은 아니다. 해답과 조언을 듣고자 할 것이다. 그렇다면 내가 할 수 있는 최선의 조언은 다음과 같다.

만일 아직 65세가 되지 않았다면 당분간 건강보험에 대해서는 잊어버려도 된다. 이 시장은 급속도로 성장하면서 조잡한 상품들과 공공연한 사기극이 판을 치고 있다. 젊을 때 보험에 가입하면 돈을 저축할 수 있다. 하지만 지금 가입한 보험이 5년 후에 어떨지는 알 수 없는 일이다. 나는 세상이 좀더 좋아지기를 기다리라고 하겠다.

그러나 만일 65세가 넘었다면 우량 보험 회사의 가장 조건이 좋은 보험에 가입하도록 하라. 최대한 대기 기간을 오래 잡는 쪽을 선택하라.

가능하면 보험금을 많이 받아야 하지만 보상 기간은 1년으로 제한하자. 그보다 오래 치료를 하는 경우는 드물며, 1년이면 가족들이 필요한 경제적이고 생활의 변화에 대비할 수 있는 충분한 시간일 것이다.

독신이거나 배우자의 건강이 좋지 않거나 다른 가족과 멀리 떨어져서 산다면 입원비와 가정 간호에 대해 함께 보상을 해주는 조건을 찾아보자. 결혼도 했고 배우자도 건강하고 가족들과 가까운 곳에 살고 있다면 가정간호보험에만 들 수 있다.

자동차보험

우리 아이들이 운전을 할 수 있는 나이가 되었는데도 버스를 타고 다니는 편이 낫다고 생각하는 유일한 이유는 아마 자동차보험 때문일 것이다.

자동차보험은 경제적으로 부담이 될 뿐만 아니라 규정이 엄격해서 피보험자에게 선택권이 별로 없다. 대부분의 경우는 의무적으로 최소한의 보험에 가입하도록 되어 있다.

그래서 보험료를 절약할 수 있는 몇 가지 방법에 대해 알아보기로 한다. 우선 자동차보험은 한마디로 짧게 다음과 같이 요약할 수 있다.

모든 사고는 과실 아니면 비과실로 나뉜다. 과실의 경우 사고에 책임이 있다고 생각되는 사람(또는 그의 보험자)이 상대방의 피해와 손상에 대해 책임을 지는 것이다. 비과실의 경우는 각자(또는 그의 보험자)가 자신의 피해와 손상에 대해 책임을 진다.

자, 그러면 어떻게 돈을 절약할 수 있을까?

반드시 필요한 부분만 보험에 가입한다

자동차보험 제도가 보장하는 기본 요소는 보통 예닐곱 가지나 된다. 그러나 보험료를 적게 내는 첫 번째 방법은 불필요한 요소들은 제거하고 나머지는 줄이는 것이다. 그러나 임의로 보상 부분과 금액을 정할 수 없는 경우도 있다는 것을 염두에 두어야 한다.

- 대인 배상

사고로 다른 사람을 다치게 했을 때는 법정 최고 판결액까지 보상받을 수 있어야 한다.

- 대물 배상

사고로 다른 차에 손상을 입혔을 때에는 자동차 시세대로 보상할 수 있어야 한다.

- 의료비 지급

사고를 누가 냈는지에 관계없이, 피보험자의 차에 탄 사람이 다칠 경우 의료비(또는 장례비)를 지급한다. 다친 사람이 건강보험에 가입해 있을 경우에는 그만큼 공제된 금액의 보상금만 필요하다. 그러나 만일 건강보험에 가입하지 않았거나 충분한 보상을 받지 못하는 피해자가 고소를 하면, 배상책임보험으로 충당할 수 있다.

- 자기 신체 사고

피보험자의 의료비(또는 장례비)와 사고로 인한 소득 감소액의 일부를 보상한다. 만일 당신이 건강하고 건강보험과 불구소득보험에 가입했다면 이 부분을 최대한 줄일 수 있다.

- 자기 차량 손해

사고를 누가 냈는지에 관계없이 사고 후에 피보험자의 차를 수리하는 비용을 지급한다. 보험 회사는 차의 장부 가격만을 수리비로 지불하므로 중고차일 경우는 별로 의미가 없다. 새 차를 갖고 있다면 최대한 공제를 많이 받는 쪽을 택한다.

- 견인과 서비스 비용 상환

사고나 파손 후에 차를 견인하고 수리하기 위해 드는 용역에 대해 보상해 준다.

- 대체 교통 비용

차를 수리하는 동안 소액의 일일 자동차 렌트 비용이 지급된다. 차가 업무 수단으로 반드시 필요하다면 그만한 가치가 있다. 그렇지 않다면 불필요하다.

- 무보험차 상해시

뺑소니 사고로 다치거나, 사고를 낸 상대 운전자가 보험에 가입하지 않았거나 보험에 가입했어도 의료비 청구를 충분히 보상받지 못할 경우, 피보험자의 의료비와 사고로 인한 소득 감소액의 일부가 지급된다.

비싼 차를 운전하지 않는다

보험 회사는 차종에 따라 수리 비용이 얼마나 드는지, 얼마나 자주 도둑을 맞는지, 얼마나 자주 사고를 당하는지를 세밀하게 추적해서 그에 따라 보험금을 결정한다. 새 차를 사거나 임대할 때는 피해야 할 차종이 어떤 것들인지 보험중개인에게 자세히 물어보자.

무사고 운전 경력을 쌓는다

같은 보험 회사에서 기존 가입자가 또다른 차량에 대해 보험에 가입할 경우, 그동안의 운전 경력이 모범적일 경우에는 자동차 보험료가 그만큼 할인된다.

21세 미만의 자녀는 차를 사용하지 못하게 한다

자동차 종합보험의 운전 가능 연령은 21세 또는 26세로, 가족 운전 한정 특약에 가입하면 보험료가 저렴해 진다.

차 안의 물건 보관에도 주의하라

차 안에서 물건을 도난당했을 경우에는 특별한 사고시가 아니라면 보상받을 수 없다는 점을 염두에 두어야 한다. 주택소유주보험에 가입했다면 차에서 도둑맞은 물건을 보상받을 수 있는지 알아보자.

불법 주차하지 않는다

주차시켜 놓은 차의 유리창을 누군가 깨뜨렸을 경우 보험 혜택을 받을 수 있는 것은 주차 가능 지역에서 발생한 경우에 한해서며, 불법 주차 장소에 차를 세웠다가는 보상 내용에 따라 보험료가 할증된다.

안전 할인을 이용한다

차에 에어백, 안전 브레이크, 도난 방지 등의 장치가 되어 있다면 할인 혜택이 주어진다.

전액을 납부한다

월납이나 분기납은 이자가 부과된다. 만일 여유가 있으면 청구서를 받고 나서 전액을 납부한다.

보험료를 비교한다

마지막으로 가장 최선의 조건을 제시하는 보험 회사를 알아보자. 보험료는 회사마다 크게 다르다. 가능한 많은 정보를 확보해서 근처 보험중개인에게 자문을 구하자.

주택소유주보험

집을 사거나 세를 들면서 여러 가지 세밀한 부분까지 요모조모 따져보면서도 정작 주택소유주보험(Homeowner Insurance)에 가입해야 한다고 생각하는 사람은 많지 않다. 그리고 보험에 든다고 해도 일단 집에 들어가 살게 되면 자동적으로 납부만 한다.

그러다가 문제가 생긴다. 나뭇가지가 흔들리거나 이웃집 아이가 던진 공에 맞아서 유리창이 부서지는 것처럼 작은 문제라면 다행이다. 하지만 토스터에서 시작된 화재가 집 전체로 번지거나 태풍이 불어서 지붕이 날아가는 대형 재해가 일어날 수도 있다.

그때 서류철을 뒤적여서 — 만일 불에 타거나 딴 동네로 날아가지 않았다면 — 보험증권을 찾는다. 만일 신중한 중개인에게서 보험을 계약했다면 안심할 수 있다. 하지만 수완이 좋은 외판원이었다면 감정적으로나 경제적으로 고통을 겪을 수 있다.

나는 고객들에게 주택소유주보험에 가입할 때 아무 생각 없이 수동적으로 들지 말고 사전에 대비하는 자세를 가지라고 충고한다. 다 쓰고 죽는 사람일 경우는 더욱 그렇다. 왜냐하면 적어도 넉넉하게 재산을 모을 때까지 우리의 제일 안전망은 저축이 아닌 보험이기 때문이다.

이 보험에 가입할 때는 보통 다음 사항들을 고려해야 한다.

세 가지 종류의 손해에 초점을 맞춘다

첫째, 주택소유주보험은 세 가지 종류의 보험을 합친 패키지라는 것을 기억하자. 즉 구조물에 대한 상해, 개인 소유물의 손실, 그리고 개인적 배상 책임이 그것이다.

기본적인 구조물 보상에 대한 조건이 자신의 필요에 적합하다고 해도 개인 소유물과 책임 보상에 대한 조건은 그렇지 못할 수 있다. 기본 주택소유주보험은 그 세 가지에 대해 최저 수준의 보상을 해준다. 따라서 가입자의 수요에 따라 맞춤 패키지를 만들어야 한다.

기본 보상

두 번째 단계는 보상 범위를 선택하는 것이다. 집 자체의 손상에 대한 보상을 알아보는 것으로 시작한다. 이것은 아마도 가장 큰 부담이 될 수 있는 피해일 것이다. 가능하면 구조물에 가해질 수 있는 모든 피해에 대해 보상을 받을 수 있도록 주의 깊게 살펴보아야 한다. 이 보험은 특별한 경우를 제외한 모든 위험으로부터 입는 손실이나 상해를 보상한다.

또한 개인 소유물—집안에 있거나 일시적으로 밖에 두거나 아니면 딸이 학교에 가지고 갔거나에 상관없이—에 대해서도 화재, 도둑, 태풍, 또는 수도관이 터지는 등 다양한 위험으로부터 보호받을 수 있다. 그러나 일반적으로 지진, 홍수, 하수관 파열, 전쟁 등은 제외된다. 만일 지진이 자주 발생하는 지역에 살고 있다면, 지진이나 홍수에 의한 피해를 보상하는 조항을 추가하거나 별도로 보험에 가입할 수 있다.

기본 보상에는 피보험자 자신이나, 소유물이나 가족, 또는 집에서 기르는 애완동물에 의해 누군가(가족이 아닌)가 본의 아닌 피해를 입게 되었을 때 보상을 해주는 책임배상이 포함된다. 13세 이하 아이들과 애완 동물의 고의적인 행동도 보상이 된다. 그러나 만일 습관적으로 난폭하게 구는 아들이나 사나운 개가 있다면 보험을 경신할 수 없을지도 모른다는 것을 염두에 두어야 한다. 그런데 안타깝게도 필요한 보상금을 결정하는 일은 그리 간단하지가 않다.

보상금은 어느 정도가 적당할까?

세 번째 단계는 보상금이 얼마나 필요한지를 계산하는 것이다. 다시 구조물로부터 시작해 보자. 만일 집이 완전히 불에 탔다면 화재 이전과 똑같이 다시 지을 수 있을 정도의 충분한 보상이 필요하다.

그렇다면 유일한 방법은 '교체비용보장보험'을 선택하는 것이다. 보험자는 집과 차고를 다시 짓고 조경까지 다시 꾸미는 데 드는 모든 비용을 지급하기로 약속한다. 보험료가 꽤 비싸긴 하지만 그만한 가치가 있다.

나는 개인 소유물에 대해서도 같은 종류의 교체비용보장보험에 가입해야 한다고 생각한다. 하지만 대부분의 기본적인 보험은 개인 소유물에 대해 보험금 액면가의 50~75퍼센트까지만 보상한다. 또한 물건의 종류에 따라 지급하는 액수에 제한이 있다. 게다가 기본 보험은 소유물의 '시장 가격'만을 지불한다. 따라서 중고품 가게나 벼룩시장에서 파는 가구와 찬장과 그릇으로 들여놓아야 한다는 이야기다.

그래서 '교체 비용 보장'을 해주는 보험에 가입할 필요가 있다. 5년 전에 산 텔레비전이 파손될 경우에도 소매점에서 새것을 살 수 있는 가격을 지불한다. 역시 보험료가 싸지는 않지만 그만한 가치가 있다.

만일 아주 귀중한 물건을 갖고 있다면 '예약 보상'을 고려해 볼 수 있다. 이것은 따로 감정 평가를 해서 보험에 별도로 추가하는 것을 의미하며, 그에 따른 보험료를 더 내야 한다. 만일 교체 비용 보상을 선택했다면 값이 분명하지 않고 쉽게 교체할 수 없는 골동품이나 예술품과 같은 물건들에만 예약 보상이 필요하다.

감상적인 가치를 갖는 물건들은 굳이 보험에 가입하려고 하지 말자. 돈으로 할아버지의 주머니 시계를 대체할 수는 없다. 그런 물건을 도둑맞았다면 체념하는 수밖에 없다. 대신 안전 금고에 간직하도록 하자.

돈을 절약하는 여섯 가지 방법

비싼 주택소유주보험에 가입해서 지나친 부담을 느껴야 한다면 보상금을 덜 받는 쪽을 선택하고 싶을지도 모른다. 그러나 보험에 가입하면 화재나 허리가 부러지는 재난에 의한 경제적인 피해를 덜 수 있다.

다 쓰고 죽는 사람으로서 우리는 특히 다른 사람들보다 지출이나 남에게 주는 경우가 많기 때문에 좀더 재난에 대비할 필요가 있다. 따라서 보상액을 낮추는 대신 다음의 네 번째 단계에서 보험료를 줄이는 방법들을 고려해 보자.

- 꼭 필요한 부분만 생각한다

주택소유주보험은 깨진 유리창이나 불에 탄 토스트를 교체하는 것이 목적이 아니다. 궁극적인 목적은 재앙에 대비해서 집과 그 안의 내용물을 복구하는 것이다.

- 안전 할인을 이용한다

보험 회사는 전자식 자물쇠, 경보 장치, 화재 감지기, 소화기 등을 갖춘 집에 보험료를 할인해 준다.

- 불필요한 부분은 제외한다

땅이나 기초, 지하 파이프나 전선과 같이 실제로 파손되거나 손상을 입지 않는 물건은 보험에 가입할 필요가 없다.

마찬가지로 교체할 수 없거나 교체하지 않을 개인 소유물은 보험에 포함시키지 않도록 하자. 이모가 약혼 선물로 준 순은 찻잔 세트를 포함시키는 것은 의미가 없다. 그런 선물은 교체할 수 없기 때문이다.

- 패키지 계약을 알아본다

주택소유주보험을 제공하는 대부분의 보험 회사는 또한 자동차 보험과 개인 배상책임보험을 판매한다. 일반적으로 같은 보험 회사에서 두세 가지 보험을 패키지로 들면 돈을 절약할 수 있다.

- 가격을 비교한다

같은 주택소유주보험이라도 보험 회사마다 보험료가 천차만별이다. 보험중개인에게 가서 보험료를 비교해 본다. 그러나 싼 보험을 택하기 전에 보험 회사의 재무 상태를 확인해 보는 것을 잊지 말자.

- 청구서를 전액 지불한다

마지막으로 여유가 있다면 1년에 한 번 전액을 납부하는 것이 월납이나 분기납보다 싸다.

집을 세를 들어서 살고 있다면?

주택이나 아파트에 세를 들거나 공동 주택에서 사는 사람들은 기존의 구조물과 시설이 재해로 인해 손상을 입을 경우 복구 비용을 부담해야 하는 배상 책임이 발생한다.

또한 주택소유주보험에 가입해 있는 집이라고 해도 만일 불이 나서 부엌에 들여놓은 찬장이나 가전 제품이 불에 탄다면 보상을 받지 못한다. 방문객이 거실 양탄자에 걸려 넘어져서 발목을 삐는 사고가 발생해도 보상을 받지 못한다.

주택소유주보험은 입주자가 그곳에 이사 오기 전부터 있던 구조물과 붙박이장과 같은 것에 대해서만 보상해 주며, 임차인의 개인 소유물이나 증축 또는 개조한 부분과 개인적인 배상책임에 대해서는 보상받을 수 없다. 그래서 보호가 필요하다고 생각되는 부분은 스스로 보험에 가입해야 한다.

지진이나 홍수 피해가 우려되는 지역에 살고 있다면?

주택소유주보험은 일반적으로 지진에 의한 피해는 보상해 주지 않는다. 만일 지진이 일어날 수 있는 지역에 살고 있다면 따로 보험을 들거나 특약을 추가해야 한다. 무엇보다 이 보험의 제일 목적은 재난으로부터 자신을 보호하기 위한 것이며, 그렇다면 지진보다 더 큰 재난은 없다.

어디에 살든지 지진보험의 보험료는 집의 구조에 따라 달라진다. 지진이 나면 견디지 못할 것이라고 생각되는 목조 건물은 실제로 벽돌이나 석조 건물보다 가격이 싸다. 목조 건물이 좀더 탄력적이고 충격을 더 잘 흡수하기 때문일 것이다.

또한 주택소유주보험의 가장 큰 차이는 홍수에 의한 피해 보상 여부에 있다. 대부분의 보험은 홍수에 의한 피해를 보상하지 않으며, 어떤 경우는 모든 종류의 물에 의한 피해가 제외된다. 이것은 잘못된 제도다. 왜냐하면 가장 흔하고 심각한 피해가 홍수에 의해서 일어나기 때문이다. (그보다 드문 화재와 태풍에 의한 피해는 보통 보상이 된다.)

만일 바닷가나 호수 강, 계곡 근처에서 살고 있다면 반드시 홍수보험에 들어야 한다.

DIE BROKE 16
평생 수입원을 확보하라

연금보험

연금보험은 오래 전부터 가계 경제 정책의 양극을 걸어왔다. 한 종류는 정액 연금보험으로 부유한 독신자들이 선호하는 신중한 노후 보장 제도다. 또다른 종류인 변액 연금보험은 민첩한 투자가들을 위한 적극적인 세금 회피 수단이다. 그러나 다 쓰고 죽기로 한 사람에게는 연금보험이 그 중간 역할을 한다고 볼 수 있다.

내가 고객들에게 다 쓰고 죽자는 철학에 대해 이야기하면 흔히 두 가지 반응을 보인다. 상상력이 부족하거나, 겁이 많거나, 고지식한 사람들은 즉각적인 혐오감을 극복해 볼 생각도 하지 않고 마음의 문을 꼭 닫아버린다.

한편 사고가 열려 있거나, 자신의 현재 상황에 대해 좌절감을 느끼고 있거나, 융통성이 있는 사람들은 수긍을 하면서도 한 가지 주저하면서 묻는다.

"죽기 전에 돈이 떨어지면 어떻게 하죠?"

그래서 해결책이 필요하다. 다 쓰고 죽는 세상에서는 연금보험이야말로 장수하는 사람들을 위한 보험이다.

연금보험에 관한 모든 것

연금보험은 간단히 말해 평생 수입을 보장해 주는 계약이다. 자선 단체와 기업을 포함하는 다른 기관들도 연금 계약을 하지만 일반적으로는 개인과 보험 회사 간의 계약이다.

연금보험의 종류

연금보험은 연금액, 보험료, 지급 기간에 따라 좀더 세분화된다. 만일 계약이 체결될 때 연금액을 결정하면 정액 연금보험이라고 부른다. 보험 회사의 기본적인 투자 수익에 따라 연금을 지급하면 변액 연금보험이라고 부른다.

일시납 연금보험은 개인이 보험 회사에 일시불로 납부한다. 분납 연금보험은 정해진 기간—예를 들면 30년 동안 매월—동안 정해진 간격으로 분할 납부한다.

즉시 연금보험은 보험료 전액을 납부하면 즉시(30일 이내) 연금을 지급한다. 거치 연금보험은 정해진 시점에 도달하면, 예를 들어 65세가 되면, 연금을 지급한다.

이러한 조건들을 연결해서 생각하면 보험 상품에 대해 거의 완벽하게 이해할 수 있다. 예를 들어, 일시납 즉시 연금보험은 가입자가 보험 회사에 일시불로 납부하고 보험 회사는 일정한 연금을 가입자에게 즉시 지급하기로 약속하는 것이다.

한편, 분납 거치 변액 연금보험은 계약자가 보험 회사에 분할로 납부하고 보험 회사는 미래 어느 시점에서 정해지는 금액으로 연금을 지급할 것을 약속한다.

마지막으로 연금 지급 기간에 따라 선택할 수 있는 종류가 있다. 개인형 연금은 가입자가 살아 있는 동안 연금을 지급한다. 가입자가 살아 있는 동안 연금을 받되 만일 일정 기간 내에 죽으면 나머지 기간은 상속자가 받게 되는 정액 기간 생명 연금보험도 있다. 또한 연생형 연금은 연금보험 계약자나 그가 지정한 수혜자가 살아 있는 동안 연금을 지급한다.

개인형 연금보험이 수익성이 제일 높은 이유는 가장 짧은 기간 동안 연금을 지급하기 때문이다. 반면, 연생형 연금의 이율은 오랜 기간 동안 연금을 지급하기 때문에 수익성이 낮다.

연금보험의 장점과 단점

다 쓰고 죽는 사람들에게 연금은 세 가지 분명한 장점이 있다.

- 연금보험은 확실하게 평생 소득을 보장받을 수 있는 세상에서 유일한 금융 상품이다. 다른 투자는 아무리 보수적이거나 투기적이라고 해도 모두 죽기 전에 돈이 떨어질 수 있다. 그러나 연금보험에 투자하면 평생 소득이 보장되므로 진정 장수하는 사람들을 위한 장치라고 할 수 있다.
- 정액 연금보험은 정해진 연금을 지급한다. 주식 시장은 급등했다가 폭락하고 이자율은 올랐다가 내려가기도 한다. 그러나 정액 연금보험으로부터 받는 수입은 변하지 않는다. 만일 12퍼센트의 이자를 보장하는 연금에 가입하면 이자율이 아무리 떨어져도 계속 같은 금액을 받을 수 있다.
- 연금으로 받는 소득은 일부 세금이 공제된다. 그 이유는 연금 지급을 소득이 아닌 가입자가 적립한 돈의 상환으로 보기 때문이다. 또한 나이가 들어서 연금에 들수록 세금 공제액이 커진다.

물론 아무리 좋다고 해도 완벽한 것은 없다. 연금은 다음과 같은 불리한 점들이 있다.

- 연금보험은 취소 불능 상품이다. 일단 돈을 건네주면 어떤 이

유에서도 다시 돌려받을 수 없다. 예외로 새로 나온 상품들 중에는 일정 기간 동안 긴급한 의료비에 필요한 돈을 돌려주는 신상품도 있긴 하다.
- 연금보험은 소득을 보장받는 반면 물가 상승에 미치지 못할 수가 있다. 10년 동안 물가가 많이 오르면 2000년에는 충분했던 연봉이 2010년에는 부족할 수도 있다. 고정 소득은 언제나 이해가 엇갈리기 마련이다.
- 연금보험은 지급 능력이 확실한 보험 회사에 가입해야 한다. 연금을 받는 동안 보험 회사가 건재할지를 따져보아야 한다.

연금보험의 불리한 점 가운데 하나는 가입한 후에 곧 죽어서 투자한 만큼 받지 못하면 상속자 대신 보험업자의 손에 돈뭉치를 쥐어주는 셈이 된다는 것이다. 그러나 모든 것을 '다 쓰고 죽기'로 한 사람들에게 이것은 어차피 문제가 되지 않는다. 어떤 보험 상품을 사도 그와 같은 위험 부담은 감수해야 한다.

그외에 주택보험, 자동차보험, 배상책임보험, 건강보험에 가입하면 경제적인 재난으로부터 필요한 모든 보호를 받을 수 있다. 완벽한 보험 상품에 가입해 놓으면 갑자기 돈이 필요할 경우는 생기지 않을 것이므로 연금보험이 취소가 불가능한 상품이라고 해도 큰 문제가 되지 않는다.

물가 상승에 따른 위험 부담은 현명한 구매 전략을 따른다면 줄일 수 있다. 그 전략을 다시 한 번 요약해서 말하자면, 가능한 천천히 필요한 것만 수입 한도 내에서 구입하라는 것이다.

마지막으로 보험자의 지불 불능에 대비하기 위해 보험업자의 재무 건전 상태를 점검해 보고 우량 보험 회사에 가입하면 위험도를 줄일 수 있다.

효과적인 연금보험 선택 전략

다음 여섯 단계의 전략을 따라가면 잠재적인 문제들을 최소화하면서 최대한의 혜택을 볼 수 있다.

'일시납 즉시 정액 연금보험'에 가입하라

정기 생명보험과 마찬가지로 일반적인 상품이다. 비교하기 어려운 장식이나 복잡한 문제가 없이도 가입자가 필요로 하는 모든 조건을 제공한다. 단순히 일시납 즉시 정액 연금보험에 가입한다면 이자율을 비교하는 것은 매우 간단하다.

가능한 한 늦게 가입하라

나이가 들어서 연금보험에 가입할수록 수익률이 높아지며 공제액이 많아진다. 다 쓰고 죽기로 한 당신이 근로소득만으로 더 이상 생활 수준을 유지할 수 없다고 생각되면 연금보험을 고려해 보아야 한다.

은퇴를 하지 않는다면 근로소득은 65세가 지나도 계속 유지될 것이다. 그러나 근로소득이 완전히 없어지지는 않는다고 해도 결국은 자의나 타의에 의해 50대와 60대 시기의 수입보다 감소할 것이다.

처음 연금보험에 가입하는 시기는 각자의 특별한 상황에 달려 있으나, 일반적으로 '다 쓰고 죽기'로 한 사람들은 70세쯤 연금보험에 가입하면 된다. 그때는 자신의 65세 이후의 수입과 지출이 어느 정도인지 파악하고 있을 것이다. 연금에 늦게 가입할수록 해마다 0.2퍼센트 정도 연금액이 증가한다.

필요한 액수만 가입하라

70세에 소득이 감소하기 시작한다고 해서 당장 모든 투자 포트폴리오를 즉시 연금으로 전환해야 하는 것은 아니다. 연금 수익률은 가입하는 시점에서 정해지기 때문에 평생 시중 이자율보다 낮게 묶여 있을 수 있다. 고정 수입이 필요하지 않다면 주식에 투자하는 편이 나을 수도 있다.

보다 현명한 방법은 일단 근로소득이 원하는 수준 이하로 내려가는 대로 계속해서 그 차액을 보충할 만큼의 연금을 그때그때 현행 이자율대로 사는 것이다. 그러면 보험료 전액을 한 가지 이자율에 묶어두지 않을 수 있다. 나이가 들수록 자동적으로 좀더 유리한 계약을 할 수 있을 것이며, 물가 상승에서 오는 영향도 어느 정도 상쇄할 수 있을 것이다. 근로소득이 감소할 때마다 계속해서 저축과 투자를 연금으로 바꾸다가 마침내 전액을 정액 연금보험에 투자한다.

마지막에 모든 자금을 연금보험에 투자하는 것에 대해 두려워할 것은 없다. 전통적인 재무설계사들이 사람들에게 기본 재산을 건드리지 말라고 하는 이유는 사는 동안 돈이 떨어지지 않도록 하기 위한 것이다. 그러나 다 쓰고 죽기로 한 사람들로서는 재산을 지키기보다는 최대한 이용하기를 원한다. 연금보험에 가입하면 사는 동안 돈이 떨어지는 일은 없을 것이다.

우량 보험 회사를 알아보라

연금보험에 가입할 때 보험 회사가 가입자보다 더 오래 건재할 수 있는지를 염두에 두어야 한다는 사실은 두말할 나위가 없다. 보험 회사가 망하면 정부에서 중재를 해주긴 하지만 그런 일은 사전에 예방하는 것이 바람직하다. 미리 보험 회사의 재무 상태를 점검해 보자.

가입하기 전에 점검하라

연금보험에 가입할 때는 적당히 선택해서는 안 된다. 일시납 정액 즉시 연금보험은 평범한 상품이지만 보험자마다 차이가 있다. 보험자는 각각 그들 나름대로 보험 수리, 투자 계획, 희망 수익률을 가지고 있다. 따라서 같은 조건의 가입자일지라도 회사마다 다른 액수를 지급하므로 꼼꼼히 따져보아야 한다.

부부는 연생형 연금보험을 선택하라

부부 중에 한 사람이 다 쓰고 죽는 일에 성공한다고 해서 나머지 한 사람을 빈털터리로 살게 할 수는 없다. 평생의 동반자라면 두 사람 중 한 사람이 살아 있는 한 계속해서 연금을 지급해 주는 연생형 연금보험에 가입하는 것이 좋다.

물론 이것은 개인형 연금보험이나 정액 기간 연금보험에 가입하는 것보다 수익이 떨어진다. 하지만 나중까지 생존하는 사람이 연금의 3분의 2나 2분의 1을 받는 방식으로 보완할 수 있다. 실제로 어느 한쪽이 죽은 후에는 가계 지출이 줄어들기 때문이다.

생명보험

우디 알렌의 영화 〈돈을 갖고 튀어라〉에서 죄수들을 혼내주는 가장 가혹한 처벌은 작은 헛간에 생명보험 외판원과 함께 가두어 두는 것이다. 보험 회사 직원의 방문을 받은 적이 있다면 아마 그 이야기에 동감할 것이다.

그들은 추근거리는 중고차 상인의 비열함과 죄책감을 유도하는 장의사의 음흉함을 모두 갖추었을 뿐 아니라 거머리처럼 들러붙어서 떨어지지 않는다. 나쁜 소식은, 여러분이 다 쓰고 죽기로 했다 하더라도 생명보험이 필요하다는 것이다.

반면, 좋은 소식은, 여러분에게는 매우 간단한 일이므로 대리점 직원이나 중개인을 만나야 할 필요가 없다는 것이다.

생명보험은 투자가 아니다

생명보험은 투자나 강제적인 저축이 아니다. 보험 회사는 엄청난 판매 실적을 올리지만 투자가로서는 실력이 형편없다. 나는 절대 고객들의 돈을 보험에 투자하지 않을 것이다. 보험에 투자하라는 사람들은 보험을 팔아서 돈을 버는 사람들뿐이다. 따라서 생명보험에 가입할 때는 보험 기간에만 신경을 쓰면 된다.

종신이니 가변이니 하는 모든 선전 문구나 광고는 잊어버려라. 그것은 모두가 엉터리다. 특히 정기 생명보험은 '일시적'이고 종신 생명보험은 '영구적'이라는 것은 전혀 터무니없는 말이다. 우리에게는 영구 생명보험이란 필요하지 않다. 충분히 저축을 하면 보험에 가입하지 않아도 되기 때문이다(종신 생명보험이 필요한 유일한 경우는 70대가 넘어서 더 이상 적절한 정기 생명보험을 가입할 수 없을 때 자신이 죽은 후 장례식과 다른 미지불금을 보험 회사에서 해결해 주기를 원하는 경우다).

보험에 드는 것은 생명이 아닌 소득이다

생명보험이 필요한 것은 단 한 가지 이유 때문이다. 즉 가족들이 갑자기, 그리고 영원히 당신의 소득을 잃어버리는 경우에 대비하기 위해서다. (불구소득보험은 일시적인 경우에 대비하는 것이다.) 만일 당신의 소득에 의지하고 있는 사람이 없다면 생명보험은 필요하지 않다. 사랑하는 사람을 잃는 데서 오는 정서적, 심리적, 정신적 고통은 헤아릴 수 없다. 돈으로 측정할 수 없는 것은 보험에 가입할 필요가 없다.

사람들은 사랑하는 이들을 보호하고 싶어한다. 그 누구도 자신이 죽으면서 가족들에게 걱정을 끼치고 싶어하지 않는다. 자기가 살아 있을 때처럼 가족들이 생활을 계속할 수 있기를 바란다. 그러나 이것은 잘못된 생각이다.

우리는 보험을 감상적으로 생각할 필요가 없다. 만일 당신의 목표가 '영원히 가족을 돌보는 것'이라면 그 목표는 절대 충족될 수 없다. 그것은 미래를 위해 현재를 희생하고 경제적인 삶을 영원히 계속하려고 하는 과거의 규칙이다.

그 무엇도 당신의 존재를 대신해 줄 수는 없다. 아무리 돈을 많이 남겨놓아도 당신을 잃은 상실감을 보상해 줄 수는 없다. 우리가 경제적 불멸에 대한 생각에서 벗어나야 한다는 것도 이 때문이다. 이것은 보험 외판원이나 중개인과 상의할 일이 아니다.

그들은 돈이 어느 정도 당신을 대신할 수 있다고 느끼게끔 설득하는 훈련을 받았기 때문이다. 감정적인 충격이 아닌 금전적인 충격에 초점을 맞추자. 당신이나 배우자가 죽으면 가족의 수입에 어떤 영향을 주게 될 것인가?

우리는 수입을 좀더 넓게 생각할 필요가 있다. 집에서 요리하고, 청소하고, 아이들을 돌보는 배우자는 실제적인 수입은 없지만, 밖에서 일하는 배우자가 돈을 버는 일에 한몫을 한다. 따라서 집안일을 하는 전업 주부도 생명보험에 가입해야 한다는 의미다. 한편, 나머지 가족의 생계에 경제적인 보탬을 주고 있지 않은 자녀는 생명보험에 가입할 필요가 없다.

가족들이 적응하는 시간 정도면 충분하다

그러면 얼마의 돈을 얼마 동안 가입해야 하는가? 당신이 죽어서 없어지는 소득을 대신할 만큼의 액수로 시작해서 그 소득이 없어도 가족들이 생활할 수 있을 때까지로 잡으면 된다.

담담하게 생각하자. 가족들은 당신을 잃은 상실감에 감정적으로나 심리적으로 잘 적응할 수 없을지도 모른다. 그러나 경제적으로는 신속하게 적응할 수 있을 것이다. 남은 가족이 청소나 육아에 지출하는 돈을 줄여야 하면 그렇게 할 것이다. 한 사람의 소득만으로 주택 융자금이나 유지비를 부담할 수 없어서 집을 팔아야 한다면 그렇게 할 것이다. 그리고 아이들과 집에 있지 않고 다시 취업을 해야 한다면 그렇게 할 것이다.

나는 고객들에게 보험자 수입을 3년 간 대신할 수 있을 정도의 보험에 가입하라고 한다. 내 경험에 의하면 그 정도면 가족이 슬픔을 극복하고 새로운 경제 상황에 적응할 수 있는 충분한 시간이다.

당신이 떠난 후 가족들이 예전 그대로 살 수 있도록 해주려는 것은 불합리한 일이다. 그들의 삶은 당신의 장례식을 치른 후에 얼마나 많은 돈이 손에 쥐어지는지에 관계없이 변화되기 마련이다. 게다가 적응하는 것은 치유 과정의 일부다.

새로운 경제 상황에 맞추어 생활을 바꾸는 것은 슬픔에서 회복되려면 변화가 가능하며 필요하기도 하다는 것을 깨닫는 데 도움이 될 수 있다. 당신이 죽기 이전에 그들이 살았던 생활은 끝났다. 이제 새로운 인생을 출발해야 하는 시간이다.

상황에 맞게 보상 범위를 정하라

내가 앞에서 3년이라고 한 시간은 반드시 정해져 있는 것은 아니다. 단지 3년을 기준으로 각자의 고유한 상황에 맞추면 된다.

만일 배우자가 직업은 없지만 45세 이하라면 취업을 하거나 재혼할 확률이 높다. 그러나 그보다 나이가 더 많다면 직장을 구하기도 어렵고 재혼도 하지 않을 확률이 높다. 만일 후자의 경우라면 보상 범위를 넓히는 것이 당연할 것이다.

마찬가지로 만일 당신이 주택 융자금 이외 다른 빚이 있다면 사망 보상금으로 갚을 수 있도록 분명히 처리해야 한다. 만일 창업 자금으로 형에게서 2만 달러를 빌렸다고 하자. 당신은 다 쓰고 죽기로 한 사람이므로, 그 빚을 갚을 유산이 남지 않을 것이다. 하지만 그 짐을 가족들에게 떠넘길 수는 없다. 그것은 보험으로 해결해야 한다.

자녀의 대학 교육

나는 생명보험으로 자녀의 대학 교육비를 부담해야 한다고 생각하지 않는다. 만일 이미 대학에 다니는 자녀가 있고 그 학비를 대고 있었다면, 가족에게 3년 간 수입을 보장해 주는 것으로 충분히 계속해서 대학에 보낼 수 있을 것이다.

중학생이나 고등학생인 자녀가 있다면 3년 후에는 가족들이 그 동안 환경에 적응해서 재정적인 준비를 할 수 있을 것이다. 또한 아이가 아직 어리다면 대학에 갈 것인지에 대해 미리부터 걱정하지 않아도 된다.

여배우가 되고 싶어하는 딸을 의과대학에 보내기 위해 생명보험에 돈을 쓰는 것은 어리석은 일이다. 차라리 저축해서 딸을 파리로 보내는 편이 낫다.

주택 융자금

사람들은 주택 융자금을 스스로 모두 갚고 싶어한다. 그러나 그것이 항상 최선은 아니다. 그것은 남은 가족의 수입과 그들과 집의 관계에 달려 있다.

그 집이 '가족 모두를 위한 집'으로 영원히 남을 것이 아니라면 주택 융자를 갚는 보상금을 추가하지 않아도 된다. 가족들은 3년 간 보상금을 받으면서 융자금을 계속 갚아나갈 수 있을 만큼 소득을 올리든가, 그것이 불가능하거나 원하지 않는다면 그 집을 팔아서 융자금을 갚은 다음 능력에 맞는 새 집을 사면 된다.

만일 모든 가족을 위한 집이라면, 누구라도 원하면 거기 살 수 있도록 모든 조치를 취해놓는 것이 중요하다. 그러나 나는 보험금으로 융자금 전액을 갚으려고 하기보다는 가족들이 갚아갈 수 있는 정도로 융자금을 낮추는 방법을 제안하겠다.

예를 들어, 내 충고에 따라 두 번째 살 집을 처음에 샀다고 하자. 당신과 배우자는 이 집에서 여생을 보내려고 한다. 만일 가계 총수입이 15만 달러이고 그중에서 10만 달러가 당신의 수입이라고 하자. 그렇다면 당신이 죽은 후에 배우자가 남은 융자금의 3분의 2를 갚을 수 있도록 보험에 추가하면 된다. 그러면 남은 가족의 소득에 비례하는 수준으로 융자금을 낮출 수 있다.

배액보상

영화에나 나오는 이야기다. 이런저런 식으로 죽으면 보험금을 두 배로 타게 된다는 것은 터무니없는 이야기다. 죽는 것은 우리가 선택하는 문제가 아니다.

생명보험

모든 형태의 종신보험을 제쳐두면 선택이 훨씬 단순해진다. 그러나 아직 한 가지 결정할 일이 있다. 정기보험에는 두 가지 종류가 있다. 경신 정기보험과 정액 정기보험이다.

갱신 정기보험은 처음에는 불입금이 적지만 매년(또는 3년이나 5년마다) 조금씩 증가한다. 그러나 보험 회사는 가입자의 건강이 악화된다고 해도 보상을 취소하거나 보험료를 올릴 수 없다. 실제로, 최초의 건강 진단에 통과하면 다시 받지 않아도 된다. 일반적으로 70세까지 계속 해마다 보험을 연장할 수 있다. 물론 저축과 투자로 돈을 모으면 그때쯤엔 생명보험이 필요 없게 될 것이다.

정액 정기보험의 보험료는 갱신 정기보험보다 약간 높게 시작하지만 10년 이상 그대로 유지된다. 정액 정기보험은 일반적으로 같은 보험 기간 동안 갱신 정기보험보다 납부금이 적다.

그러나 기간이 끝나서 다시 연장하고 싶을 때는 건강 진단을 다시 받아야 한다. 다시 보험에 가입할 때는 보험료가 갑자기 올라갈 수 있다.

어떤 종류의 정기보험을 선택할 것인가? 만일 이미 저금과 투자를 해서, 예를 들어, 20년 후에 스스로 책임질 수 있을 만큼 재산을 모을 자신이 있다면 정액 정기보험을 선택하는 것이 좋다. 그러나 아직 저축과 투자한 돈이 없고 투자 안목에 자신이 없다면 갱신 정기보험에 드는 것이 좋다.

손가락으로 두드려라

얼마가 필요하고 얼마 동안의 보험을 원하는지 결정하면, 생명보험에 드는 것은 아주 간단하다. 정기 생명보험은 상품과 같다. 보상액은 언제나 거의 비슷하며 납부금의 차이는 수수료, 관리비, 그리고 보험 회사마다 다른 차익금이다.

보험중개인이나 대리점을 찾아갈 필요가 없다. 생명보험에 가입하는 일에는 그들이 필요하지 않다. 그들은 분명 종신보험에 가입하라고 할 것이다. 대신 전화나 인터넷을 이용하자.

부부사후보상보험

새로 나온 생명보험 중에서 인기 상품 가운데 하나가 부부사후보상보험이다. 이름 그대로 두 사람의 생명을 보상해 주고 두 사람 모두 죽어야만 보험금을 지급한다. 만일 우선적인 목적이 유산세를 지불하는 것이라면 부부사후보상보험은 다 쓰고 죽는 사람에게 아무 의미가 없다.

무엇보다 우리는 재산을 남기지 않을 것이기 때문이다. 그러나 만일 어른이 되어도 스스로 살아갈 능력이 없는 아이가 있다면, 부부사후보상보험이 필요하다.

부부사후보상보험이 인기 있는 이유는 유산 관리 장치로 장려되기 때문이다. 부부는 자녀들이 지불해야 하는 유산세를 부부사후보상보험에 가입한다(상속을 받는 배우자는 유산세를 내지 않는다). 이 보험은 두 사람이 모두 죽어야만 보험금을 지급하기 때문에 보험료가 저렴하고 상속인들이 유산을 고스란히 챙길 수 있게 해준다.

그런데 다 쓰고 죽을 당신은 유산을 남기지 않을 것이므로 유산세에 대해 걱정할 필요가 없다. 그렇다고 해서 부부사후보상보험이 전혀 쓸모 없는 것은 아니다.

만일 경제적으로 자립할 능력이 없는 자녀나 부양 가족이 있다면 부부사후보상보험이 필요할 수 있다. 부모 중 어느 한 사람이 살아 있는 동안에도 누군가 그 아이를 돌볼 사람이 필요할 것이다. 그런데 두 사람이 모두 없으면 그 아이가 보험금에라도 의지할 수 있도록 해야 한다. 이러한 경우 부부사후보상보험의 장점은 최대한 효율적으로 특정한 수요를 보상해 준다는 것이다.

보험중개인에게 자녀가 필요로 하는 돈의 액수를 결정하게 맡기지 말라. 대신 자녀의 특별한 사례에 익숙하고 정부와 지역 단체에서 어떤 종류의 보호를 이용할 수 있는지를 알고 있는 사회사업가와 상의해서 결정하는 것이 좋다.

불구소득보험

젊은 나이에 일시적으로나 영구적으로 불구가 될 확률은 일찍 죽을 확률보다 더 높다. 그러므로 생명보험보다도 불구소득보험(Disability Insurance)이 더 필요하다. 이것은 분명 맞는 말이고, 개인 재무문제에서 모든 사람들이 같이하는 의견이다. 그러나 이 충고에 따르는 사람은 거의 없다. 왜일까?

나로서는 절실하게 그 필요성을 느끼는 이유가 두 가지 있다.

첫째, 나는 40대 중반에 결핵에 걸려서 18개월 동안 일을 하지 못했다. 우리 가족을 지켜준 것이라고는 아내의 수입과 나의 불구소득보험금뿐이었다. 따라서 나는 이러한 보호 장치의 중요성을 직접 깨닫게 되었다.

둘째, 여러분은 은퇴하지 않을 것이며, 또한 다 쓰고 죽을 때까지 수입원에 의지해야 한다. 수입원이란 그야말로 다 쓰고 죽는 생활 방식의 생명줄이다. 수입원이 없다면 빈털터리로 죽게 될 뿐 아니라 빈털터리로 살게 된다.

오늘 당장 머릿속으로 사표를 쓰고 자신이 하는 일이 단지 돈을 벌기 위한 일에 불과하다는 것을 깨닫는 동시에 여러분은 어느 정도 자신을 보호해야 한다. '일은 단지 일에 불과하다'는 것을 아는 사람은 '무언가 의미 있는 일'을 찾는 사람보다 다시 취업하기가 쉽다.

그러나 올바른 자세만으로는 머리에 부상을 당하거나 심장병이나 결핵으로 자리에 눕게 되는 경우에 대비할 수 없다. 그래서 불구소득보험이 필요하다. 다 쓰고 죽는 사람에게 가장 중요한 경제적 조치는 자신의 소득을 보장받는 것이다. 그것은 아무리 강조해도 지나치지 않다.

그렇다면 다시 원래의 질문으로 돌아가자. 이 모든 사실을 알면서 사람들은 어째서 불구소득보험에 가입하지 않을까? 다른 쪽으로는 현명하지만 불구소득보험에 가입하라는 충고를 듣지 않는 내 고객들과 이야기해 본 결과 다음과 같은 대답을 찾았다. 그들은 불구소득보험을 값비싼 사치처럼 생각한다는 것이다. 아마 여러분도 그렇게 생각할 것이다.

불구소득보험이 생명보험과 비교해서 보험료가 많다는 것은 인정한다. 하지만 그 이유는 일찍 불구가 되는 확률이 더 높기 때문이다. 불구소득의 보험료를 건강보험과 비교해 보면 더 이상 비싸게 생각되지 않을 것이다. 게다가 보험료를 확실하게 줄이는 방법들이 있다.

당신은 이렇게 말할지 모른다.

"사람은 병에 걸리고 결국은 죽기 마련이죠. 물론 거기에 대비를 해야겠죠. 하지만 정말 내가 불구가 될지는 알 수 없는 일입니다. 그래서 사치라는 거죠."

그렇다면 주택소유보험이나 자동차보험도 마찬가지로 사치다. 집에 불이 나거나 자동차가 사고가 날지는 알 수 없기 때문이다.

"하지만 그런 보험들은 전체가 아니라 부분적인 보상을 받을 수 있지 않습니까?"라고 당신은 또다른 변명을 둘러댈 수 있다. 그렇다면 마찬가지로 불구소득보험도 단기적, 일시적, 또는 부분적인 불구에 대한 보상이 있다. 예를 들어, 다리가 부러져서 한두 달 동안 일시적으로 일을 하지 못하는 경우에 해당되는 보험에 가입하면 된다.

"그런 일이 일어나면 근로법에 의해 보상을 받을 수 있을 겁니다"라고 당신은 또 자신을 합리화할 것이다. 하지만 그런 경우는 업무상의 재해에 의한 불구만 해당된다.

이제 적어도 내 말을 계속해서 들어볼 의향이 생겼기를 바란다. 이제부터 당신이 충분한 불구소득보험에 가입할 수 있을 뿐 아니라 불구소득보험에 가입해야 하는 이유에 대해 확실히 설명하겠다.

불구소득보험에 보다 현명하게 가입하기 위해서는 우선 돈을 절약하기 위해 사전에 타협할 수 있는 부분이 무엇이고 반드시 필요한 보장 항목이 무엇인가를 이해해야 한다.

최소한 얼마나 필요할까?

우리가 불구소득보험에서 반드시 알아야 두어야 할 몇 가지 사항이 있다.

보험 회사는 반드시 불구의 조건을 질병이나 사고로 인한 소득의 감소로 단순 명료하게 정의해야 한다. 우리가 자신을 보호하려는 것은 무엇보다 그러한 경우에 발생하는 소득의 감소 때문이다.

불구를 정의하면서 '정규적인 주요 업무' 또는 '교육 정도나 경험에 비추어 타당한 업무'와 같은 구절을 사용하는 보험은 피해야 한다. 짐작하겠지만, 그러한 정의는 너무나 주관적이어서 보험 회사가 판단하기에 달려 있기 때문이다.

'갱신 보장보험' 또는 '갱신 보장 및 취소 불능보험'을 고집해야 한다. 갱신 보장보험이란 보험료를 지불하면 보상에 대한 약속을 취소할 수 없다는 것을 의미한다. 그러나 보험자가 보험료를 올릴 수는 있다. '갱신 보장 및 취소 불능'의 경우는 보험 회사가 계약을 취소하거나 보험료를 더 이상 올릴 수 없다.

회사원인지 자영업자인지에 따라 '잔여' 보상 또는 '후유' 보상을 지급하는 보험을 찾아본다. '잔여' 보상은 직장으로 복귀했으나 종일 근무가 불가능한 사람에게 주어진다. '후유' 보상은 자영업자로서 불구 이전의 소득 수준으로 다시 돌아갈 때까지 시간이 필요한 사람에게 지급하는 부분적인 보상이다.

또 보험 가입 이전의 선재질환으로 생긴 불구에 대해서 즉시 지급을 해주는지 확인한다. 신청서를 작성하기 전에 어떤 질병이 기존의 신체 조건에 속하는지를 알아본다. 어떤 보험 회사는 40세의 고혈압을 새로운 질병으로 간주한다. 어떤 회사는 신청서를 작성하기 2년 전에 발생한 심장병을 최근에 생긴 문제로 분류한다.

또한 불구 상태가 오래 지속되면 보험료 납입을 면제해 주는지를 알아본다. 보험금을 타는 첫 3개월 동안만 보험료를 지불하도록 하고 그후에도 계속해서 활동하지 못하면 자리에서 일어나기 전까지의 보험료를 환불해 주기도 한다. 다시 설명하겠지만, 이 조건은 특히 비상시를 위해 저금해 둔 돈을 꺼내 쓰면서 보험금을 천천히 타려는 사람들에게 필요하다.

마지막으로 당신의 직업에 가능한 높은 등급을 주는 보험 회사를 알아보라. 보험 회사는 일반적으로 모든 직업을 네다섯 등급으로 구분한다.

보험료가 가장 적은 최상 등급은 보험 회사가 볼 때 가장 안전하고 사람들이 다시 일하고 싶어한다고 생각하는 직업들이다. 의사, 변호사, 회계사, 등의 전문직이 최상급에 속한다. 다음 등급은 그 이외의 다른 전문직과 회사원, 그리고 일부 전문 기술자들이 포함된다.

가장 보험료가 비싼 등급은 비숙련 근로자들과 공사장에서 일하거나 짐을 나르는 등 신체적으로 위험하거나 힘든 일을 하는 사람들이다.

당신의 직업이 분명하게 최상급이나 최하급이 아니라면 가장 유리한 등급을 주는 보험 회사를 알아보라.

실제로 필요한 생활비를 계산한다

간단히 말하자면 최고의 불구 보상금은 소득을 대신해서 지급하는 것이다. 그러나 그러한 보험은 가능하지도 않고 필요하지도 않다. 어떤 보험 회사도 당신의 수입을 100퍼센트 보상해 주지 않는다. 그러면 다시 일할 의욕이 없어질 수도 있다.

또한 보험금이 많아질수록 보험료도 올라간다. 금액이 적은 보험에 가입하면 그만큼 돈이 절약된다. 따라서 자신의 실수입을 대신하는 정도면 충분하다. 아마 그것도 너무 많을지 모른다.

만일 의료비를 건강보험으로 해결한다면 실제로 전보다 생활비가 적게 든다. 출퇴근 비용, 외식비, 그리고 세탁비도 들지 않는다. 지출이 얼마나 적어지는지를 계산해서 실수입에서 빼면 당신이 필요로 하는 최고액이 된다.

실제로 얼마면 생활할 수 있는지 계산한다. 보험에 가입할 때는 그 금액을 최소액으로 잡고 실수입을 최대액으로 잡는다.

첫 보상금이 나올 때까지 얼마나 기다릴 수 있나?

최소한의 필요한 보험금을 결정했으면, 다음 단계는 보험금을 타기까지 얼마나 오래 견딜 수 있는지를 결정한다. 불구가 되고 나서 첫 보험금을 타기까지의 시간을 삭제 기간이라고 부른다. 오래 기다렸다가 보험금을 탈수록 보험료가 적어진다.

일반적으로 불구가 된 즉시 보험금을 지급받아야 하는 경우는 별로 없다. 만일 회사원이라면 어느 정도 병가 수당을 받을 수 있을 것이다. 자영업자라면 나중에 주말이나 휴가에 쉬지 않고 일을 하면 단기간의 질병으로 인한 수입 감소는 충당할 수 있다.

대부분의 보험은 질병이나 사고를 당한 후 30일이 지나면 보험금을 지급한다. 아니면 2개월, 3개월, 6개월 또는 1년까지 선택할 수 있다.

회사에서 병가에 얼마나 수당을 지급하는지 알아보라. 운이 좋으면 적어도 1개월 동안 생활할 수 있을 만큼 받을 수 있을 것이다. 또한 내 충고를 듣고 3개월의 생활비를 준비해 두었다면 거기서 꺼내 쓸 수도 있다. 지출이 줄어들 것이므로 아마 3개월 예비금으로 4개월은 버틸 수 있을 것이다. 그러니까 회사의 병가 수당과 예비금이 있다면 적어도 보험금을 타지 않고 5개월은 기다릴 수 있을 것이다.

저금한 돈으로 한 달을 더 버텨서 6개월의 삭제 기간을 채우면 보험료가 상당히 내려간다. 단, 병가 수당을 받지 못하는 자영업자와 예비금을 적립해 두지 못한 사람이 삭제 기간을 연장해서 보험료를 낮추기 위해서는 저금을 좀더 해야 할 필요가 있다. 그렇다고 세상이 끝나는 것은 아니다. 만일 보험에 가입하지 않고 불구가 된다면 6개월보다 훨씬 오랫동안 저금한 돈을 축내게 될 것이다.

기간은 어느 정도가 적당한가?

다른 식으로 질문해 보겠다. 얼마나 오래 근로소득을 유지할 계획인가? 물론 일을 할 수 있을 때까지다. 그렇다면 65세 이후까지 연장되지 않는 불구소득보험은 아무리 싸다고 해도 의미가 없다. 그렇다고 해도 평생 보장은 너무 비싸고, 역시 필요하지 않다. 수입이 65세 이후에도 똑같을 것이라고는 기대하지 않지만, 대신 65세 이전에는 수입에 준하는 보상금을 제공하는 보험이 필요하다.

부부 모두 보험이 필요하다

맞벌이를 하고 있는가? 그렇다면 두 사람 모두 불구소득보험에 가입할 필요가 있다. 맞벌이 부부의 경우 여자가 남자보다 보험료를 더 많이 내야 한다는 불쾌한 조건이 있다. 왜일까? 보험 회사의 실제적인 자료에 의하면 여자가 남자보다 더 불구가 되기 쉽다고 한다. 아직까지는 이 자료가 성 차별을 하는 정당한 이유로 받아들여지고 있다.

DIE BROKE 17
사랑과 돈은 별개로 생각하라

결혼

나는 혼전 합의가 지금까지 억울한 누명을 써왔다고 생각한다. 이것에 대한 언급이 있을 때 가장 먼저 눈앞에 떠오르는 장면은 부유한 노인이 가난한 젊은 부인과 결혼하면서 이혼할 경우 자기 재산의 절반을 가질 권리를 포기하라고 강요하는 모습이다. 그래서 혼전 동의서는 여자들의 경제적인 지위를 축소시키는 장치처럼 보였다. 그러나 반드시 그렇지만은 않다. 혼전 동의서를 제대로 이해하고 사용한다면, 남성보다 여성에게 더 유리할 수도 있다.

결혼 동의는 단순히 결혼한 상태에서 재산의 소유권을 정의하고, 결혼이 무효화되었을 때 그 재산의 소유권이 어떻게 되는지를 약술하는 법적인 서류다.

혼전 동의는 결혼 전에, 혼후 동의는 결혼 후에 하는 것이다. 종종 이러한 동의서는 한쪽 배우자가 결혼 전에 소유했던 재산이 고스란히 유지될 수 있도록 하기 위해 사용된다. 이러한 동의가 반드시 필요하다고 생각되는 경우가 세 가지 있다.

재혼의 경우

부유한 남성과 그의 전리품인 아내의 경우도 포함되어 있긴 하지만, 대부분의 혼전 동의서는 비슷한 경제적 조건을 가진 중년 이후의 커플이 재혼하는 경우에 작성하는 신중한 서류다.

일반적으로 어느 한쪽이나 양쪽 모두는 지난번의 결혼에서 낳은 자녀들이 있으며, 그들과 함께 합치려고는 하지 않는다. 두 사람은 보통 기존의 경제적 기반 위에서 만나게 된다. 그리고 각자는 고인이 된 배우자와의 노력으로 모은 재산을 원래의 가족에게 남겨주기를 바란다.

그들은 이혼—초혼보다는 재혼의 경우 이혼이 더 많다—할 때 적어도 자신이 가져온 재산만큼은 갖고 떠나기를 원한다. 재산을 다 쓰지 못하고 갑자기 죽는 경우에도 새로운 배우자와 그의 아이들이 아닌, 자신의 아이들에게 재산을 남기고 싶어한다.

이러한 동의서에는 두 사람의 재산을 대강 세 가지 범주, 즉 결혼할 당시 아내의 재산, 결혼할 당시 남편의 재산, 그리고 결혼한 후에 모은 재산으로 분류한다. 재산을 나누는 가장 일반적인 방법은 결혼할 당시 가져온 재산은 각자의 재산으로 유지했다가 이혼할 때 다시 가져가거나, 죽을 때는 각자의 자녀들에게 물려주는 것이다. 결혼하고 나서 모은 재산은 이혼할 때 나누어 갖거나, 아니면 한 사람이 죽을 경우 배우자에게 남겨주었다가 나중에 양쪽 자녀들에게 물려준다.

나는 이러한 동의서가 재혼을 하는 모든 남녀에게 반드시 필요하다고 생각한다.

경제적으로 독립한 여성의 경우

이전 세대들에 비해 늦게 결혼하는 여성들이 많아지고 있다. 그들은 재산을 지참하고 결혼한다. 서른이 넘어서 결혼하는 여성은 이미 집을 소유하고 있는 경우도 있다. 개인적으로나 또는 직장에서의 은퇴 제도를 이용한 투자 포트폴리오를 갖고 있을 수도 있다.

경제적으로 독립하기 위해 열심히 일해 온 여성은 결혼한다고 해서 자기 재산을 그냥 포기해서는 안 된다. 아이를 가질 경우 한동안 일을 하지 못할 수도 있다.

이때 혼전 재산은 여성들이 종종 결혼과 함께 잃게 되는 경제적인 독립을 보장해 주는 안전망이 될 수 있다. 만일 별도로 그 재산을 유지한다면(예를 들어, 아파트를 팔아서 포트폴리오 투자로 바꿀 수 있다), 경제적인 문제 때문에 불행한 결혼에 얽매여 있어야 하는 일은 없을 것이다.

주머니 돈이 쌈지 돈이라고 생각할지 모르지만 나는 그렇게 생각하지 않는다. 대부분의 연구 조사에 의하면, 여성은 이혼 후에 경제 상태가 더 나빠지는 반면 남성들은 1~2년 정도 불안정하다가 그후에는 이혼하기 전보다 더 여유가 생긴다고 한다. 그것은 남녀의 수입이 불균형하고, 여성들은 아이들을 돌보느라고 시간이 없으며, 직장 여성들에게 대한 혜택이 제한되어 있기 때문일 것이다.

이유야 어떻든, 이것은 무시할 수 없는 상황이다. 그러므로 상당한 개인 재산을 지참하고 결혼하는 경우에 당연히 혼전 동의가 여성을 보호하는 장치가 될 수 있다. 물론 무슨 일에나 예외는 있기 마련이다.

가업을 보호해야 할 경우

가족이 함께 사업을 하는 경우는 자신을 위해서가 아니라 그 가업에 참여하고 있는 다른 가족들을 위해 혼전 동의서를 작성해야 한다. 만일 혼전 동의서에 서명하지 않고 결혼했다가 이혼을 하면 당신의 배우자가 그 가업의 일부에 대해 권한을 갖게 된다.

그 사업이 소득원이었는데 이혼을 할 경우, 법원이 필요하다고 생각하면 이혼한 배우자에게 별거 수당처럼 계속해서 매달 돈을 보내야 할 수도 있다. 물론 결혼해서 아이가 생기거나 당신이 죽는 경우의 변동 사항을 기재해 둘 수 있다. 그럴 경우에는 아이나 미망인이 소유권 관계를 계속 유지하도록 하는 것이 합당할 수도 있다.

동거

결혼은 사적인 제도가 아니다. 경제적이며 법적인 합의다.

재무 설계의 문제에서는 결혼 여부나 성적 취향은 아무 상관이 없다. 독신의 동성애자건 독신의 이성애자건 같은 방식으로 경제생활을 꾸려간다. 마찬가지로 결혼하지 않은 커플은 결혼 여부나 성적 취향에 관계없이 결혼한 사람들과 같은 환경 속에서 경제적인 결정을 내린다. 또한 동거인은 상대방의 생명보험 수혜자가 될 수 있으며, 연생형 연금보험에 가입할 수 있다.

그러나 법적인 측면에서는 동거인의 경우 결혼한 부부와는 다른 방식으로 접근할 필요가 있다. 왜냐하면 동거인은 배우자로서의 법적인 권한이 없기 때문이다.

동거인은 세금 환급이나 건강보험의 수혜자가 되지 못하며, 상대방이 장애를 입었을 때 그로 인한 피해를 보상받지 못하고, 생존자 혜택을 받을 수도 없고, 자동적인 상속자가 되지 않으며, 외국인 동거인의 경우는 거주권을 획득할 수 없다.

또한 상대방이 의사 표시를 할 수 없게 되었을 때 대신 의료 문제를 결정할 수도 없다. 이러한 모순들 중 일부는, 모두는 아니라고 해도, 현명한 법적 장치를 통해 해결할 수 있다.

동거를 할 때는 먼저 자신들처럼 특별한 사례에 익숙한 변호사를 찾아보아야 한다. 그가 문제를 처리해 줄 것이다. 예를 들어, 생명 유언과 건강 관리 대리권을 서류로 작성해 두면 동거인들이 서로를 대신해서 의료적인 결정을 내릴 수 있다. 또한 동거 계약을 통해 재산을 공동 소유하고 소유권을 생존자에게 전달할 수 있다.

이러한 절차는 유쾌하지도 않고 쉽지도 않지만, 사회가 결혼에 대한 새로운 법적 정의를 내릴 때까지 필요한 일이다.

이혼

이혼은 예나 지금이나 결코 쉬운 일이 아니다. 합의 이혼, 형평법에 따른 재산 분배, 부부 공동 재산 등 최근의 여러 변화에도 불구하고 여전히 이혼은 당사자들에게 큰 상처를 남긴다. 이런저런 방법으로 이혼에 의한 시련을 덜하게 만들면 어떤 면에서 부부의 결속력을 감소시키게 될지도 모른다. 그렇지만 이혼으로 인해 경제적 파탄을 맞는 일은 없어야 한다.

경제와 감정을 구분하라

우리 내면 깊숙한 곳에는 사랑과 돈이 연결되어 있다. 부모 자식의 관계에서나 연인 사이에서도 마찬가지다. 나는 "다 쓰고 죽어라"는 방법을 채택하면 그 불순한 연결 고리를 끊을 수 있으리라고 믿는다. 1부에서는 부모들과 자녀들에게 '다 쓰고 죽는' 철학을 따라 살도록 도와줌으로써 돈이 인간 관계에 주는 폐해에서 벗어나는 방법을 설명했다. 결혼도 마찬가지다. 결혼 생활에서도 경제적인 면을 감정적인 요소와 분리해야 한다.

행복한 결혼 생활을 하는 부부는 경제적인 결정을 내리는 일에서도 동등한 권한을 갖는다. 청구서를 번갈아 가며 지불할 필요가지는 없다. 단지 두 사람이 동등한 동반자며 같은 권한을 갖고 있다고 느낄 수 있어야 한다. 개인적인 재산이 없이 젊은 나이에 결혼하는 부부들은 그들 나름대로 공정한 분배를 계획할 수 있다는 장점을 갖고 있다. 그러나 상당한 액수의 개인 재산을 지참하고 결혼했다면 혼전 동의서를 작성함으로써 그들 관계에서 경제적인 요소와 감정적인 요소를 구분하는 것이 바람직하다.

불공평한 관습과 생활 방식에 젖어 있지만 행복하게 잘살고 있는 부부들은 함께 "다 쓰고 죽어라"는 철학을 채택해서 처음부터 다시 시작할 수 있다. 재무설계사나 결혼상담원의 도움을 받아서 경제 생활과 감정을 분리할 수 있을 것이다. 그러나 불행한 결혼 생활을 하고 있는 부부들은 그렇게 하기가 쉽지 않다. 안타깝게도 그들이 감정에서 돈을 분리할 수 있는 기회는 단지 이혼하는 길뿐이다.

먼저 돈 문제부터 해결하라

돈은 이혼에서 언제나 가장 큰 논쟁 거리다. (양육 문제는 대부분

막바지에 이르면 자녀들에게 최선이 될 수 있는 방법에 동의한다.)
그 이유는 불편한 관계를 둘러싼 모든 감정적인 문제들이 돈 문제와 결부되기 때문이다. 변호사들은 돈을 강조함으로써 이러한 대립을 부추긴다. 그래서 나는 이혼하는 부부들에게 우선 돈 문제부터 해결하라고 제안한다.

나는 법적 이혼을 취급하지는 않지만 중재는 한다. 부부들은 공정하면서도 경제 지식을 갖추고 있고 자신들을 이해해 주는 제3자를 바라고 나를 찾아온다. 그들은 각자가 필요로 하고 바라는 것뿐만이 아니라 개인 재산과 공동 재산에 대해서도 충분히 입장을 밝힌다.

나는 어느 쪽도 변호하지 않는다. 목표는 쌍방이 인정할 수 있는 공정한 합의에 도달하는 것이다. 나는 그들의 재정을 분리할 수 있도록 계획을 잡아준다. 양쪽 모두 내가 만든 계획의 조건에 합의하면 각자 동의서에 서명하고 그 밖의 다른 문제들을 처리하기 위해 이혼 변호사를 고용한다. 가장 쟁점이 되는 문제를 해결했으므로 양쪽 변호사는 그다지 싸울 것이 없다. 그러므로 이혼의 법적인 문제는 신속하게 진행된다.

그러나 언제나 그렇지는 않다. 어느 한쪽이나 양쪽 모두 경제적 분배에 합의하지 않을 때도 있다. 어느 한쪽이나 양쪽 변호사들이 합의한 내용을 무시하고 돈 전쟁을 하려고 할 때도 있다. 그러나 대부분은 이러한 합의를 통해 소란을 피우지 않고도 신속하게 어느 정도 예의를 지키면서 이혼할 수 있을 것이다.

DIE BROKE 18
미리 유언장을 만들어라

　미국인 세 명 중 두 명은 유언장이나 유언을 남기지 않고 죽는다. 그것은 자신이 남긴 재산이 어떻게 나누어지고 누가 그것을 관리할 것인지에 대해 결정하는 권리를 포기하는 것이다. 더욱 난감한 것은 유언을 남기지 않고 죽음으로써 부모가 미성년 자녀의 운명을 국가에 맡긴다는 것이다. 나는 유언장 없이 죽는 것은 개인의 의무와 책임을 다하지 않는 것이라고 생각한다.

　당신이 유언 집행인을 지정하지 않고 유언장 없이 죽는다면 법원이 당신의 재산을 처분할 집행인을 임명하게 된다. 그 집행인이 맨 먼저 하는 일은 수수료를 받는 것이다. 그러고 나서 법에 따라 당신의 재산을 나누게 된다. 그것은 누구에게 얼마나 도움이 필요한지에 상관없이 당신의 배우자는 장성한 아이들과 당신의 부모 형제와 함께 재산을 나누어 가지게 된다는 의미다.

동거인은 아무리 오랫동안 함께 살았어도 한푼도 못 받을 수 있다. 당신이 하던 사업이 배우자나 자녀에게 가지 않고 즉시 팔릴 수도 있다. 의붓자식이나 손자들이 아무것도 받지 못할 수도 있다. 가족이 없는 사람이라면 평생의 지인들을 제쳐두고 정부가 모든 재산을 가질 수도 있다. 만일 미성년 자녀를 위한 보호자를 지정하지 않고 죽는다면 법정에서 거의 자동적으로 아이의 부모든 형제든 가족 중 한 사람을 택해서 임명할 것이다.

'다 쓰고 죽기'로 한 당신은 유산을 남기지 않겠지만 언제 죽을지는 아무도 모른다. 만일 당신이 자산을 소득원으로 바꾸기 전에 죽는다면 자신의 의도와는 상관없이 많은 유산을 남기고 죽게 된다.

만일 유언장이 있다면 적어도 "다 쓰고 죽어라"는 당신의 철학이 실천에 옮겨질 것이다. 예를 들어, 당신과 함께 "다 쓰고 죽어라"는 철학에 동의하는 배우자에게 재산을 전달하면 그가 당신이 원하던 대로 처분할 것이다. 아니면 뜻이 맞는 유언 집행인을 지정해서 당신의 생각을 따르도록 할 수도 있다.

처음 유언장을 만드는 시기는 재산을 모으기 시작하거나 자녀가 생겼을 때다. 결혼했으니까 유언장이 필요 없다고 생각하면 안 된다. 그럴 리는 거의 없겠지만 두 사람이 동시에 죽을 경우 국가가 아이들과 재산을 맡게 된다.

　재산의 대부분에 대해 공동 소유자나 수혜자를 지정해 놓으면 유언장을 통해 전달해야 하는 재산을 최소화시킬 수 있다. 그래도 당신이 개인적으로 소유하는 약간의 자산이 남을 것이다. 또한 보호자 문제도 있다.

혼자서 처리하지 말라

　재산 증식을 혼자 해보려고 하지 말라. 컴퓨터나 인쇄물이 제공하는 정보들은 과거의 경제 관념에 따른 것이다. 게다가 사람마다 생활과 사고 방식과 재산이 각자 모두 다르므로 개별적으로 다루어져야 한다.

　또한 혼자 만든 유언장은 법정에서 무효 판정을 받기 쉽다. 재산을 어떻게 분배할 것인지에 대한 확실한 생각을 갖고 변호사를 찾아가면 한 시간 안에 간단한 유언장을 작성할 수 있다. 숙련된 변호사는 유언자가 의도하는 대로 재산이 정확하게 나누어질 수 있도록 도와줄 것이다.

지시 사항을 첨부한다

　한 가지 내가 덧붙이고 싶은 것은 지시 사항을 적은 서류다. 이것은 당신이 죽으면 누가 유산을 물려받게 되는지를 정확하게 밝히는 기록이다. 대부분의 유언장은 개인 재산의 처분에 대한 권리를 유언 집행인에게 위임하는데, 그렇게 되면 유언 집행인이 무거운 책임을 져야 한다.

주식 포트폴리오뿐 아니라 숟가락 하나를 가지고도 가족 분쟁이 일어날 수 있다. 개인 소유물은 매우 감상적인 가치를 갖고 있기 때문이다. 가족들은 고인의 사랑을 나누어 가지려고 신경전을 벌이는데 그것은 결국 고인의 죽음을 욕되게 할 뿐이다. '다 쓰고 죽는' 사람이 유일하게 남기고 가는 것은 개인 소유물이다. 그것은 상속자들에게 무한한 가치를 준다. 상속자들에게 주는 당신의 마지막 선물은 유골을 앞에 놓고 싸우는 일이 없도록 하는 것이다.

유언 검인

정의를 실현하도록 고안된 체계가 얼마나 불공평해질 수 있는지를 보면 놀라울 따름이다. 그런 일이 종종 유언 검인에 해당되기도 한다.

유언 검인은 유언장이 유효하며 재산이 올바로 전달되는지를 확인하는 법적 절차다. 고인과 정당한 상속자를 보호하기 위한 것이다. 그런데 불행히도 좋지 않은 결과를 낳기도 한다.

유산은 때로 유언장에 대해 항의하거나 변호하면서 시간당 엄청난 수수료를 받고 있는 변호사들에 의해 몇 년씩 묶여 있기도 한다. 더 시급히 처리해야 할 사건들이 많다고 생각하는 판사들은 한없이 시간을 질질 끌었다. 그동안 재산은 방치되거나 제대로 돌보지 못해서 가치가 상실되고, 상속인들은 유산을 애타게 기다리고 또 기다렸다. 이런 일들이 많아지면서 유언 검인은 어떻게 해서든 피해야 하는 일이 된 것이다.

그러나 한편으로는 유언 검인 절차가 개선되기도 했다. 요즘의 유언 검인은 그다지 악몽이 아니다.

배우자에게 상속을 하는 경우는 유언 검인의 절차를 간소화하고 있다. 또한 "할머니가 쓰시던 촛대는 누가 가질까"와 같은 개인 소유물의 이전은 유언 검인보다는 가족이 합의에 의해 처리하도록 한다. 두 사람 명의의 통장이나 주택 같은 공동 소유 재산은 즉시 생존자에게 양도된다. 생명보험이나 연금보험처럼 지정된 수혜자가 있는 재산도 역시 즉시 이전된다.

가족들이 법정 서기관들의 도움만으로 스스로 처리할 수도 있다. 물론 유언을 작성할 때 도움을 받은 변호사에게 가면 간단한 사례의 경우에 대부분 신속하고 저렴한 비용으로 해결이 된다.

만일 재산을 배우자에게 전달하는 것처럼 단순한 유언이거나, 알려야 하는 상속자가 많지 않고 아무도 유언에 항의하지 않는다면, 법정은 2주일 내로 확인 비준을 해줄 것이다. 값비싼 개인 소유물이나 부동산의 매각과 같은 좀더 복잡한 문제들은 시간이 오래 걸릴 수도 있으나 그 이외의 다른 직접적인 전달은 보통 그 즉시 처리된다. 대체로 평균 6개월 이내로 유산 문제가 완전히 해결되고 분배가 끝난다.

  간단히 말해서 유언 검인은 듣던 것처럼 복잡하고 힘든 것은 아니니다. 숙련된 변호사를 찾아가서 분명한 유언을 작성한 후에 미리 가족들에게 간단히 설명하고 재산에 대해 공동 소유자나 수혜자를 정해놓으면 간단하게 처리될 수 있다. 굳이 유언 검인을 피하기 위해 애쓸 이유는 없다.

생명 유언

  환자가 병이 악화되거나 치명적인 부상으로 인해 살 날이 얼마 남지 않았다고 판단되면 의사는 그가 계속해서 치료를 받을 것인지를 물어 볼 이유가 있다. 만일 환자가 의식이 있다면 스스로 의사 표현을 할 수 있다. 그런데 환자가 대답을 할 수 없는 경우에는 그 결정이 매우 복잡하고 어려워진다.

  어떤 의사는 즉시 법률에 정해진 순서에 따라 ― 배우자, 부모, 자녀, 형제 등 ― 보호자를 만나지만 일반적으로 결혼하지 않은 '동거인'은 포함되지 않는다. 또 어떤 의사들은 이유를 불문하고 가족의 판단을 받아들이지 않고 법정에서 보호자를 지정해서 결정을 내리라고 고집한다.

  이러한 모든 문제는 생명 유언을 통해 피할 수 있다. 치명적인 부상이나 질병의 경우 어디까지 의료 관리를 받을 것인지에 대해 개인의 의지와 판단을 표현하는 공식적인 서류이기 때문이다. 따라서 생명 유언은 의사는 물론 가족이나 법정에서 지정하는 보호자로 하여금 대신 결정을 내려야 하는 책임감에서 벗어나게 해준다. 적질한 자격을 갖춘 증이이 참석한 가운데 자신의 의지를 분명하게 표시하는 한 형식에 관계없이 '확실한 증거'로 인정된다.

잠재적인 문제점을 보완한다

생명 유언은 두 명의 공정한 성인이 증인을 서야 한다. 공정하다는 의미는 유산 상속자, 의료 관리를 책임진 의사와 관계자, 법적으로 의료비 청구서를 지불할 의무가 있는 자는 제외된다는 것이다. 가장 쉬운 방법은 변호사 사무실에서 서류에 서명하고 변호사와 그의 동료 한 사람이 증인이 되는 것이다.

변호사들은 당신이 자신의 의지를 분명하게 표현할 수 있는 유효 적절한 단어들을 가르쳐줄 것이다. 그런데 생명 유언에 관한 사항은 대부분 영양 주사와 유동식 공급에 관한 것이다. 환자를 고통으로부터 빨리 벗어나게 해준다고 해도, 사랑하는 사람에게 공급하는 영양 주사와 유동식을 중지시키는 결정을 내리기는 언제나 어려운 일이다.

그래서 더욱 생명 유언에 영양 주사와 유동식의 문제를 언급하는 것이 중요하다. 어떤 경우는 실제로 별도의 난에 영양 주사와 유동식 공급의 중지에 동의하는 조항을 넣어서 다시 두 명의 증인이 참석한 자리에서 서명을 하도록 되어 있다.

생명 유언에서 언급할 수 있는 또다른 중요한 사항은 처음부터 치료를 거부하는 것과 이미 진행 중인 치료를 중지시키는 것에 대해서다. 법적으로는 두 가지 행위 사이에 차이가 없지만, 많은 의사들이 이 사실을 모르고 있다. 그들은 종종 치료를 중지함으로써 돌아올 수 있는 법적인 책임을 두려워한다.

생명 유언을 통해 치료를 받지 않는 것과 마찬가지로 치료를 중지할 수 있다는 것을 확실히 해두면, 다른 사람들의 고민을 덜어줄 수 있다.

마지막으로 다 쓰고 죽는 사람들이 특별히 염두에 두어야 하는 다소 불편한 문제가 있다.

또다른 문제점

가족들의 입장에서는 대체로 죽어가는 사람의 생명 플러그를 뽑는 쪽이 경제적으로 유리하다. 값비싼 임종 관리를 오래 끌수록 생명보험이나 유산에서 막대한 돈이 빠져나갈 수 있기 때문이다. 지금 나는 그런 것이 가족들의 결정에 영향을 준다고 말하려는 것이 아니다. 다만 결과적으로 그와 같은 결정에 의해 그들의 자금 수요가 충족될 수도 있다는 점을 지적하는 것이다.

반면에 다 쓰고 죽는 사람의 가족들은 플러그를 뽑으면 오히려 경제적으로 어려워질 수도 있다. 그 사람이 살아 있는 동안 불구소득보험, 연금, 그리고 역모기지에 의해 일정한 수입이 들어왔기 때문이다. 다시 말하지만 이런 점이 가족이 느끼는 감정에 개입된다는 것은 아니다. 하지만 본인이 원한다면 생명 유언에서 이러한 문제들에 대해서도 언급할 수 있다.

변경이 가능하다

생명 유언은 변경이나 취소가 간단하다. 사실 어떤 곳에서는 정기적으로 — 보통 5년 내지 7년 — 날짜를 갱신하거나 적어도 재확인을 요구한다. 지나간 생명 유언을 찢어버리는 대신 기존의 내용을 지우고 새로운 내용으로 고친 다음 서명을 하는 편이 낫다. 그렇게 하면 생명 유언이 실제로 고쳐졌으므로 더 이상 정확하게 당신의 의지를 표현할 필요가 없다는 것을 모든 사람에게 분명히 알릴 수 있다.

마지막으로, 본인이 스스로 결정을 내릴 수 없게 될 경우, 생명 유언으로는 가족들이 직면할 수 있는 문제를 모두 언급하기에 부족할 수 있다. 생명 유언은 환자가 임종할 것으로 간주될 때 효력을 발생한다.

그저 살기가 고통스러운 환자들과는 아무 상관이 없다. 생명 유언은 오로지 생명 유지와 관련된 문제에만 해당된다. 단지 의식이 없거나 의사 표시를 할 수 없는 사람을 대신해서 수술 여부를 결정하는 일은 여기에 해당되지 않는다.

생명 유언은 의사에게 무엇을 하라거나 하지 말라고 강요할 수 없으며, 단지 본인의 의지를 진술할 수 있을 뿐이다. 만일 의사가 신중하게 고려해 본 결과 당신의 의지대로 실천하기를 거부한다면 다른 의사에게 보낼 수 있다. 그러나 의사가 지나치게 집착을 하면 생명 유언을 거부하고 법적 투쟁을 할지도 모른다. 그러면 판결이 내려지기 전에 당신은 죽게 될 것이다.

가족들은 이미 지옥을 경험한 뒤다. 이러한 문제를 보완하거나 해결하기 위한 제2의 법적인 서류가 있다. 즉 건강 관리 영구 대리권이다.

건강 관리 영구 대리권

대리권이란 다른 사람에게 나 대신 특별한 어떤 일을 하도록 합법적인 권한을 부여하는 것이다. 즉 나를 대신하는 사람을 지정하는 일이다. 종종 금전 거래와 법적인 문제에서 사용된다. 중개인을 지정해서 주식 거래를 하거나 변호사가 계약서에 대신 서명하도록 할 수 있다.

대리권은 위임자가 더 이상 의사 표현 능력을 상실한 후에도 계속해서 유효한 경우에 '영구적'이라고 한다. 따라서 건강 관리 영구 대리권(Healthcare Delegable Authority)은 본인 대신 건강 관리에 관한 결정을 내리는 권한을 가질 사람을 지정하는 서류다.

건강 관리 영구 대리권이 생명 유언과 다른 점은 병이나 부상으로 임종하게 되었을 때 생명 유지에 관한 결정뿐 아니라 언제라도 본인이 의사 표현 능력을 상실하는 경우에 건강 관리에 관련된 모든 결정을 내릴 수 있는 대리권을 갖는다는 점이다. 예를 들어, 당신이 수술을 받을 것인지 아니면 치료만 받을 것인지, 또는 전신 마취를 할 것인지 국부 마취를 할 것인지, 또는 요양원에 들어가야 할 것인지 등을 대리인이 대신 판단할 수 있다. 궁극적으로 대리인은 당신이 생명 유지를 해야 하는지 아닌지를 결정할 수 있다.

이론적으로 건강 관리 영구 대리인이 있다면 생명 유언이 필요하지 않다. 대리인이 생명 연장에 대한 당신의 의지를 알고 실천하겠다고 동의하면 그것으로 충분하다. 그러나 실제로는 두 가지를 모두 준비하는 것이 바람직하다.

왜냐하면 생사의 문제는 누구라도 결정하기 어렵기 때문이다. 법적으로 반드시 필요하지 않다고는 해도 본인의 의지를 밝히는 공식적인 유언장을 만드는 것이 대리인에게 감정적으로나 심리적으로 도움이 될 것이다.

건강 관리 영구 대리권과 생명 유언은 같은 변호사에게 가서 작성하면 된다(두 가지를 작성하는 데 한 시간도 걸리지 않을 것이다. 종종 유언장처럼 다른 법적인 일들과 관련해서 처리하기도 한다). 이 두 서류는 서로 일치되도록 만들어야 한다. 지나치게 생명에 집착하는 의사들이 두 가지 서류를 무시할 이유를 주지 않도록 하기 위해서다.

'다 쓰고 죽기'로 한 당신은 건강 관리 대리인으로 하여금 당신의 경제적 삶과 육체적 삶이 동시에 끝나도록 하는 것이 목표라는 사실을 알려주는 것이 중요하다. 그러면 대리인이 당신의 건강 관리와 재산을 양쪽 모두 고민해야 하는 부담을 느끼지 않을 것이다.

또 하나 중요한 것은 이성애자건 동성애자건 결혼하지 않은 동반자는 상대방을 건강 관리 대리인으로 지정해 둘 필요가 있다. 법은 결혼하지 않은 동반자의 결정권을 무시하고 대신 부모나 자녀나 형제에게 권한을 위임한다. 상대방을 대리인으로 정해놓으면 동성애 혐오증을 가진 인척들이 반대한다고 해도 겁낼 것 없다. 대리인의 권한은 법적으로 확실하게 보장되기 때문이다.

옮긴이의 말

새로운 경제세계를 위한 생활 철학

이 책이 1997년에 미국에서 처음 출판되었을 때 독자층은 전후 베이비붐 세대인 40대 이후의 중년 가장들이었다. 그들은 IT의 발전과 세계화로 인해 급변하는 세상에 적응해서 살아남는 방법을 배워야 했다. 미국 경제는 호황을 누리고 있었지만 예정된 삶에 익숙해져 있던 사람들은 갑자기 변화된 경제 체제에서 미래에 대한 불안감에 당황하고 있었기 때문에 이 책이 주장하는 메시지도 그만큼 파격적이었다. 당시의 상황은 미국의 자본주의 경제가 가져올 위기를 예고하고 있었던 것 같다.

한편 우리나라는 외환위기로 인해 IMF의 구제금융을 받으면서 기업들이 구조조정을 하는 과정에서 많은 가장들이 직장을 잃고 비정규직이나 자영업에서 대안을 찾아야 했다. 그 이후로 계속해서 고용 불안은 심화되고 위기감은 점차 젊은 세대로까지 확산되었다. 그 결과 언제부턴가 우리나라에서는 젊은이들이 대학을 졸업하고도 부모에게 의존해 살거나 단지 안정된 직장을 구하겠다는 생각으로 공무원 시험에 몇 년씩 청춘을 탕진하는 것이 보편화되었다.

요즘 젊은이들이 모험을 싫어하고 편안함을 추구하는 성향이 되었다기보다 미래가 불안한 세상에서 위축이 되고 자신감을 잃고 있는 것 같아서 무척 안타까운 마음이다. 이러한 상황은 개인적으로나 국가적으로 커다란 낭비가 아닐 수 없다.

지금 전 세계는 자본주의 사회의 탐욕으로 일어난 거품 경제가 꺼지면서 그 대가를 톡톡히 치르고 있다. 그 동안 거대 자본의 탐욕과 횡포에 대해 경고한 경제학자들이 몇몇 있었지만 그들의 목소리는 신자주유의 경제체제가 가져다주는 무한한 부의 기회에 들떠있던 사람들의 귀에 들리지 않았고 급기야는 2008년 미국 발 금융위기가 세계 경제에 먹구름을 드리웠다.

IMF의 후유증에서 완전히 벗어나지 못하고 있는 우리나라에서는 세계적인 경제 위기로 인해 다시 한 번 10년 전의 악몽이 되풀이되며 중산층과 서민들의 삶이 무너져 내리고 있다. 이번에는 우리나라 뿐 아니라 전 세계가 침체에 빠져 있기 때문에 단시일 내에 극복할 수 있는 상황이 아니다. 또한 두 차례의 경제위기를 겪으면서 점점 더 양극화가 고착화되고 있다.

  이제 세계화와 신자유주의에 대한 환상에서 깨어나 무모한 투자보다는 갖고 있는 것을 지키는 것이 급선무가 되었다. 이 책은 그 어느 때보다 우리 스스로 삶을 책임져야하는 세상에서 꿈을 잃지 않고 신중하게 미래를 설계하는 자세가 필요하다는 것을 다시금 일깨워준다.

2009년 9월

노혜숙